POCKET POSH WORD SEARCH 2

09 10 11 12 13 LEO 10 9 8 7 6 5 4 3 2

ISBN-13: 978-0-7407-7857-5
ISBN-10: 0-7407-7857-9

www.PuzzleSociety.com
www.andrewsmcmeel.com

ATTENTION: SCHOOLS AND BUSINESSES
Andrews McMeel books are available at quantity discounts with
bulk purchase for educational, business, or sales promotional
use. For information, please write to: Special Sales Department,
Andrews McMeel Publishing, LLC, 1130 Walnut Street,
Kansas City, Missouri 64106.

pocket posh word search 2

100 PUZZLES

The Puzzle Society™
puzzlesociety.com

Andrews McMeel
Publishing, LLC

Kansas City

```
E E I R I M I O T O T U L O U E N L A N
L R I T H P R O N T R O P S S A P R A H
S C O O I U K I A T L H O P U I T A L I
R A E U A R R D T I H A W A I I U R S H
T N I R E N A T N E M U N O M C N U L O
A S S I R B P C U T S A E A N V E Y I N
C O V S D O L G S O M A U P A M R I E E
R T A T N C A G N N S U N S C R E E N Y
A R E M A C N N T I N S H O P P I N G M
T L I L E T O H I A P C C E T R A I N O
R A N E B M I M O S A M S W A N R S I O
R A A M B O T T L E D W A T E R R A R N
P T T M I D A L B A T T R C U I O I O E
U H E B R U N C H I I T T R N T A V R I
R R E L A X A T I O N N T E U T D S R N
N P S H C S M U S E U M V A L Y T L N S
T A I R P L A N E U P U T D T C R I A W
I E U R O P E N S S O A C I G A I H W C
N H R P T U T R O S E R C N T P P I E P
U N C U I G N I E E S T H G I S M I C T
```

vacation

AIRPLANE
BEACH
BOTTLED WATER
BRUNCH
CAMERA
CAMPING
CARIBBEAN
CITY
CRUISE
EUROPE

HAWAII
HONEYMOON
HOTEL
MIMOSA
MONUMENT
MUSEUM
NATIONAL PARK
PASSPORT
READING
RELAXATION

RESORT
ROAD TRIP
SHOPPING
SIGHTSEEING
SOUVENIRS
SUNSCREEN
SUNTAN
TOURIST
TRAIN

```
O  P  C  O  O  K  I  N  G  S  P  R  A  Y  E  S  X  E  A  T
D  S  I  B  T  P  H  A  E  E  P  G  I  T  P  E  S  R  P  U
L  P  R  K  A  R  B  L  C  A  E  A  I  X  S  L  I  C  E  U
Y  R  O  O  M  E  B  I  C  S  P  E  T  S  R  A  S  G  B  N
B  I  K  V  R  A  N  P  B  O  P  H  A  U  B  N  P  M  K  O
S  E  T  P  T  A  Y  F  F  N  E  S  T  S  L  R  S  P  P  I
C  R  C  E  G  S  H  S  W  A  O  R  P  S  C  S  A  L  T  T
P  S  G  R  I  L  L  I  B  P  G  T  M  G  U  T  R  P  I  R
A  E  O  F  S  M  P  O  O  O  N  S  R  T  D  R  L  R  M  O
V  K  T  U  F  A  I  E  L  E  O  C  E  E  E  R  N  S  T  P
T  A  B  O  W  L  P  X  I  S  N  N  E  M  F  E  E  B  E  L
L  B  P  E  K  I  T  D  E  R  U  S  A  E  M  S  K  R  P  T
A  U  B  U  T  T  E  R  O  R  A  F  A  S  U  Y  C  E  M  I
U  U  T  E  K  R  A  M  S  R  E  M  R  A  F  R  N  H  L  T
C  A  B  L  G  Y  P  G  A  T  S  R  U  S  C  T  E  S  O  X
L  U  N  N  T  S  H  K  G  P  E  O  E  O  Y  L  Y  O  L  P
S  F  I  A  H  S  I  D  L  S  E  A  U  X  S  U  O  O  C  T
R  M  H  S  E  A  F  O  O  D  M  R  S  H  A  O  D  B  K  E
S  A  I  R  E  C  I  P  E  P  N  I  F  T  A  P  P  T  H  I
E  T  F  R  N  L  A  E  A  L  U  M  I  N  U  M  F  O  I  L
```

cooking

ALUMINUM FOIL	FRESH	POULTRY
BAKE	GRILL	RECIPE
BEEF	HERBS	SALT
BOIL	INGREDIENTS	SAUTE
BOWL	MEASURE	SEAFOOD
BUTTER	MIXER	SEASON
CHOP	ORGANIC	SLICE
COOKING SPRAY	PASTA	SPATULA
DISH	PEPPER	STEPS
FARMER'S MARKET	PORTION	VEGETABLES

```
L E N E A A T R K T C A Y P A E S A O P
S S N M T A M O P E S P I T N M M U K S
A U S T S I O L O S M U S I C A L I A E
H A P P L A U S E N E W Y O R K C I T Y
A R I A U H L R W I C A M D G G C L S O
R M O G R A T R E T A E H T R A A A M O
N K I S N C Y E A K D O E E S N C T L O
S T E W A I G L S Y C U H I G R W I H L
E C H O I A C A A N S E U S S O A I H A
M A S I T A T N A S A M T T T I R N A C
U A O S D T T I A R K C E R O E A T I T
T I T N G I N F S D T M N C M U S E R C
S A A I U O Y A D G N I N E P O N R S A
O I L E N I L S U R O H C A A E T M P L
C M N H D E K C I W I T I K C S C I R I
C A A S L U E N P G R E A S E E G S A A
H M O E M C A C T O R M D A G T A S Y A
H M T S O A A N S D A R N A A R S I L O
H A R I E T M S B L U E M A N G R O U P
N M N S S A C O D Y S D R A W A Y N O T
```

broadway

A CHORUS LINE
ACTOR
ACTRESS
APPLAUSE
BLUE MAN GROUP
CATS
CHICAGO
COMEDY
COSTUMES
DANCING

DRAMA
FINALE
GREASE
HAIRSPRAY
INTERMISSION
MAMMA MIA
MATINEE
MUSICAL
NEW YORK CITY
OPENING DAY

REHEARSAL
SCENE
SETS
SOLOIST
STAGE
STOMP
THEATER
TICKETS
TONY AWARDS
WICKED

```
U S R E B S W B C S G O S T Y E B S R D
I G N I H T O L C S N I U L L H R I G R
O N B Y C O U T U R E U Q I T U O B A S
C I C C I D R A C T I B E D O E W D L I
I R N R H A T H M O O R G N I S S E R D
L R E D S O S L E E H H G I H U E P O E
B A W D I S C O U N T E N W I L U A L W
U E Y N I N U I O H U S S E A I E R L A
P A O R T T B L D S Y C A M I L S T A L
E C R U O K C S E C A L K C E N L M M K
R C K T P E R A C S R I M P U L S E E S
A E C E E R S E R O E A D U A W X N T A
N S I R E C E E L D G S K E U C S T E L
A S T S T C S Y S C M C S K H O E S Y E
N O Y O N E A S C S S I C A B T R T L T
A R G I R T T A A T E E N M L S T O U A
B I E D N E E O L R A G L E E G T R S N
U E N N O P U P A S E D C A D N N E O Y
L S A E S A H C R U P E R M S H C U P E
L S D B E T S E Y J O H N S O N A A S N
```

shopping

ACCESSORIES
ANN TAYLOR
BANANA REPUBLIC
BETSEY JOHNSON
BOUTIQUE
BROWSE
CLOTHING
COUTURE
CREDIT CARD
DEBIT CARD

DENIM
DEPARTMENT
  STORE
DISCOUNT
DRESSING ROOM
EARRINGS
EXCHANGE
HIGH HEELS
IMPULSE
MACY'S

MAKEUP
MALL
NECKLACE
NEW YORK CITY
PURCHASE
RETURN
SALES CLERK
SIDEWALK SALE
STORE
SUNGLASSES
WALLET

```
H E T R T N O R Y I A F A E I U V T R U
N E I M N O I T A D N U O F S H E I E W
P S E V I T P I R C S E R P C S O E N O
R A R O A R A C S A M N I E N S S K I D
C A L R C D R N S B L O I B N T C I L A
N S C I T E M S O C C A M L O I C W L H
B E B E V U S B B S H C I U T L L U E S
R L L L H Q B L V E L P E S V A Y E B E
E K O E N I E L P S G C P H P S M P Y Y
N I C B N D U E L R I G R E V O C A E
M C O R A I I M O T L R C R R S M E M E
R L O H V L O S A D C T R L L T E E I P
N W C P O C S S S I L B E I P L N P N
N C L N N L R E D U A L E E T S E B S D
T E I A R B L O H A R D C A N D Y O E O
I V L D O R I G I N S A I I L E E I P S
L A F R N T L A E R O L I O O M A R H O
A O E D P E N L I P L I N E R E D W O P
S I R M A X F A C T O R R E D L P B R L
S N A I L P O L I S H L L T L E B O A L
```

makeup

AVON
BLISS
BLUSH
BOBBI BROWN
CHANEL
CLINIQUE
COVER GIRL
DIOR
ESTEE LAUDER
EYE SHADOW

EYELINER
FENDI
FOUNDATION
HARD CANDY
LANCOME
LIP GLOSS
LIP LINER
LIPSTICK
L'OREAL
MAC COSMETICS

MASCARA
MAX FACTOR
MAYBELLINE
NAIL POLISH
ORIGINS
POWDER
PRESCRIPTIVES
REVLON
SEPHORA
STILA

5

```
G A L E J L A S R M O E T A E D M L N T
N S E L O E T R E S E D D N E K E E W Y
K C S V R E E N G N I P P O H S R X I N
E Y O I G I E E L H F G L S J E A C A G
G R R S T Y G I M O C S N L K I R A A M
E G T I B R A W O N T O B O G A C L O A
C S F M A E E B O E O H P T D U B I N D
Y P M P N G L C Y H L R N M B D R B I R
M T I E A F O L N A S I E A L X E U S E
E H A R I N O L A O L E V C A G S R A V
I E I S T P T U F G C A A H C N T L C O
M M R O E S O C N C I E D I K I A G O O
S E C N N G E T I I T O O A N J L U D S H
E P L A E U H H T Y A U A E A B R V T G
T A A T V H W Y T C A I R T C M A D U E
G R L O U Y R E M M U S N S K A N A M R
N K R R R R W O A O A M R S E G T R E R
G N I G H T C L U B E E R T M L A P S E
L D B O N B A C H E L O R P A R T Y A C
H W E D D I N G C H A P E L C E I I X E
```

las vegas

BACHELOR PARTY
BELLAGIO
BLACKJACK
CASINO
CONCERT
COSTUMES
DESERT
ELVIS
  IMPERSONATOR
EXCALIBUR

FOUNTAINS
GAMBLING
GOLF COURSE
HOOVER DAM
MANDALAY BAY
MIRAGE
NEVADA
NIGHTCLUB
PALM TREE
POKER

RESTAURANT
SHOPPING
SHOWGIRL
SLOT MACHINE
SUMMERY
THE STRIP
THEME PARK
VENETIAN
WEDDING CHAPEL
WEEKEND

```
E O H W T V O T S E I I L R R D A I I B
S X I I H C H Y L A L A W S A W G P R B
E C O C L I I S S N R G D S Y T A B B Y
I N O B L R S U A T I D T T O W O L X H
S B O P R M P K S C A E N R S B C E C C
R O Y W I E K T E Y H E A T C O I R G R
L B W K B O T A E R T R S R R A L B F T
N T R L A W I T Y T R B S A A E A R R R
R A E E S E M A I S O P I N T A C T I I
N I I L L N N K A L H U L Y C K O S S W
N L C S P O N S I I S R A N H N T G K M
P R O E R T R I N N X R G K I E U I Y R
I L L N E E E X N A A A N H N L Y E B U
D O L I G O P Y O E G R E T G B B A R L
I N A L L H N Y E H L I B N P L L N H A
R I R E Y C A T Y U N I L I O B A I W I
T P O F W P L I A N O H V I S I C T E S
N K A A O N H I R T P O A E T L K K T S
A T E S C A A I G E C R A E S Y N T L N
B E L H R C O L O R D L A E E Y N E C T
```

cats

AGILITY
BENGAL
BLACK
BOBTAIL
BREED
CALICO
CATNIP
CLAW
COLLAR
COLOR

FELINE
FRISKY
GRAY
HUNTER
KITTEN
LITTER BOX
LONG-HAIRED
MEOW
NINE LIVES
PAWS

PERSIAN
PURR
SCRATCHING POST
SHORTHAIR
SIAMESE
SNEAKY
SPHINX
TABBY
TREAT
WHISKER

7

```
Y P O R O I E T D C N C R A A I B R G L
T V L H G B L U B T H G I L T E T N O I
U R L Y T E R A E Y R A D N E L A C E C
T A A D T I O S A R E H S A W H S I D Y
T R W R P R I N T I N G P R E S S E G H
C E N O E O R M R P O T E L E S C O P E
E F M G Y E E I O R I S A F E T Y P I N
N R O E T L P C O T T O N G I N O R L R
I I W N G P O R E N I G N E M A E T S A
H G E B A N C O A I D O S I A E G A F U
C E R O U E S W T B N C N W N N I U R T
A R E M A C O A A A O A P P T E A Y B O
M A Y B E T H V S M C R A D I O R N C M
G T R I N S T E P G R E O U B C E P H O
N O D T A N E U L P I T S N I M T L I B
I R R E L A T I R S A N Y L O N O U E I
W V I R P E S D Y C D R O E T E C S R L
E A A I R J M I V T E L E V I S I O N E
S S H L I N L O N B O V E L C R O N C M
R I B R A I L L E E E P O C S O R C I M
```

inventions

AIR CONDITIONER
AIRPLANE
ANTIBIOTICS
AUTOMOBILE
BRAILLE
CALENDAR YEAR
CAMERA
COMPUTER
COTTON GIN
DISHWASHER

HAIR DRYER
HYDROGEN BOMB
JEANS
LAWN MOWER
LIGHTBULB
MICROSCOPE
MICROWAVE
MOTION PICTURE
NYLON
PRINTING PRESS

RADIO
REFRIGERATOR
SAFETY PIN
SEWING MACHINE
SOAP
STEAM ENGINE
STETHOSCOPE
TELESCOPE
TELEVISION
VELCRO

```
T  I  I  A  S  A  F  T  U  G  O  G  E  A  A  M  M  P  N  O
T  K  R  R  K  I  N  G  N  E  O  W  H  K  U  G  U  B  N  K
S  C  D  J  P  B  S  L  E  N  E  N  K  S  G  A  A  R  A  S
A  O  I  E  B  E  R  A  F  T  S  T  A  A  F  S  R  G  S  W
A  D  F  T  I  F  S  S  I  I  B  R  I  Y  R  F  T  W  I
S  E  L  S  L  T  I  U  S  M  I  W  S  E  I  A  U  O  I  M
U  I  I  K  L  G  I  B  G  O  I  E  O  A  L  R  K  I  M  M
T  F  P  I  R  T  G  P  O  P  S  I  C  L  E  O  N  L  T  I
E  E  F  I  S  H  I  N  G  R  I  I  D  U  C  D  O  D  R  N
O  H  L  E  N  N  U  D  R  A  U  G  E  F  I  L  G  C  U  G
K  L  O  D  G  E  T  O  D  I  T  S  O  B  E  S  U  A  N  L
M  R  P  W  D  E  E  S  U  N  G  L  A  S  S  E  S  H  K  E
T  A  S  O  A  A  U  R  B  U  B  I  G  L  S  N  O  G  S  M
S  S  W  T  N  R  P  O  C  L  T  N  S  B  K  T  R  B  S  O
O  C  S  J  M  T  A  L  R  S  U  A  P  O  D  A  A  N  B  N
B  A  A  I  O  T  O  S  N  D  N  A  L  O  L  E  R  O  O  A
L  A  S  A  I  L  B  O  A  T  G  U  G  M  I  T  P  R  O  D
R  E  O  N  A  C  G  G  N  I  I  K  S  R  E  T  A  W  B  E
S  C  G  R  A  T  E  K  C  A  J  E  F  I  L  F  L  B  P  O
M  G  R  E  G  R  U  B  M  A  H  C  A  E  B  L  E  R  P  M
```

at the lake

BAIT	HAMBURGER	RAFT
BEACH	HOTDOG	ROD
BOATING	JET SKI	SAILBOAT
CANOE	KAYAK	SUNGLASSES
COOLER	LEMONADE	SUNSCREEN
DOCK	LIFE JACKET	SWIM TRUNKS
FISHING	LIFEGUARD	SWIMMING
FLIP-FLOPS	PADDLE	SWIMSUIT
FRUIT	PONTOON	WATERSKIING
GRILL	POPSICLE	WET SUIT

```
E V S A R N M B A C R E S A L W T S I O
N E G P A M M E A A Y E C A P S I U G H
O Y U A O N C P A E K N T I N I O P L T
N M W R C L E X L U T H O R E E V E A R
O R O U T H T S A N E X L R O O E R S O
K T H E H E N C H M E N E S T P O H S W
R O S L O A T O N R L F T H G H E E E S
H T N L E C O M I C B O O K E N P R S O
S R O I E E L M S A H C C R R E W O P B
E K I V L P T E N K H E L E T F E K L N
C O S L O P R S L R A O P A O R Y T O E
S D I L O T I H R A C A T I R E E O L L
O N V A E E N E T I K S D G T K K S M M
T A E M H F R C S R M N T I H P K O S L
O R L S E L O I S L A N E P S P I E L A
R B E A P Y H E L O N E O L L G T H N T
A E T I G I U M O V I E S I T E U P R T
V E A N E N I I N M E T R O P O L I S E
S C O S E G T E N A L P Y L I A D L S I
I B P A N O T P Y R K R Y P T O N I T E
```

superman

BOSWORTH	GLASSES	NORTH POLE
BRANDO	HACKMAN	POWER
CAPE	HENCHMEN	REEVE
CLARK KENT	KAL-EL	REPORTER
COMIC BOOK	KRYPTON	ROUTH
DAILY PLANET	KRYPTONITE	SMALLVILLE
DISGUISE	LEX LUTHOR	SPACEY
EARTH	LOIS LANE	STEEL
FLYING	METROPOLIS	SUPERHERO
FORTRESS	MOVIE	TELEVISION SHOW

```
S Y E N R A B S B E N N Y K I S M R L O
I E G O L J U I C Y C O U T U R E C T S
I C N A D R H I H T R I K S L I C N E P
M F A B R I C A D A R P E M R P E C G N
M T H T I E M I C H A E L K O R S E R N
C O C K T A I L D R E S S C O E E C A B
T T X E E D N E I V C W K R Y B L O T N
E O E G H E C A D A E E R A D S A L K I
D A I I S T O B L A T I W E M G D D R R
E E N H I I A D T L E E N O N A G R P U
T O A E E M D E A O R I R A G G N S A B
L I M E R I R L E C M T W J J U I L T L
A M R E S L T Y J A S A M B W C M S T A
Y V A N D L O L C D R A L L O C O N E R
E L A C O S T E R E I M R E E I O T R D
O K R C Y O I O V E F E A A E E L L N S
C A E A R S N T L P A T S C M A B S D D
E I E D A M D N A H A E A E S U D I T D
T L E E G I S S E L E V E E L S M E S R
L Y E L G A E N A C I R E M A C N E J C
```

clothing

AMERICAN EAGLE
ARMANI
  EXCHANGE
BARNEYS
BLOOMINGDALE'S
COCKTAIL DRESS
COLLAR
DENIM
DESIGNER
DIESEL

FABRIC
GUCCI
HANDMADE
J.CREW
JUICY COUTURE
LACOSTE
LIMITED
MACY'S
MICHAEL KORS
NORDSTROM

OLD NAVY
PATTERN
PENCIL SKIRT
POCKET
PRADA
RETAIL
SLEEVELESS
SWEATER
TALBOTS
TARGET
VERA WANG

```
R  E  R  I  A  L  M  R  U  A  C  I  P  C  H  N  E  S  O  E
B  S  E  R  M  H  L  C  H  Z  P  O  M  B  E  E  A  R  L  R
C  D  D  E  H  I  C  E  U  C  A  L  Y  P  T  U  S  E  M  D
C  O  Z  C  C  C  K  A  O  P  P  E  N  P  U  E  R  O  H  A
E  M  R  C  H  K  A  S  M  U  W  I  T  C  H  H  A  Z  E  L
Y  I  R  L  N  O  P  O  R  U  S  U  C  D  R  S  E  L  L  R
E  T  I  L  Y  R  K  R  R  A  S  Y  L  T  T  E  P  O  A  D
E  C  O  P  U  Y  P  E  A  R  R  R  C  C  K  P  C  Y  Z  P
N  W  P  C  C  I  D  D  B  I  R  C  H  A  A  D  E  A  U  C
P  S  E  W  I  W  R  N  P  E  A  C  H  B  M  O  D  E  L  H
B  Y  E  R  O  R  N  O  E  C  R  Y  A  E  R  O  A  R  O  B
E  G  U  O  O  L  P  P  M  Y  R  R  O  E  C  W  R  O  P  M
E  T  D  L  L  L  L  A  Y  P  C  R  Y  C  E  G  T  E  A  D
O  A  C  C  O  I  R  I  H  R  R  E  R  H  P  O  U  G  L  R
M  P  U  P  C  R  V  R  W  E  W  B  R  I  H  D  N  A  S  G
O  N  H  R  P  O  A  E  D  S  E  L  E  G  D  O  L  M  R  S
G  O  M  A  P  P  C  L  A  S  N  U  H  D  L  P  A  O  A  P
H  H  M  L  L  M  A  W  C  P  E  M  C  I  E  P  W  R  L  I
R  R  C  L  B  E  A  R  Y  E  R  W  A  E  L  E  E  R  P  N
E  P  L  P  O  P  L  A  R  O  C  A  R  E  M  Y  I  O  C  E
```

trees

ALDER	ELM	PINE
APRICOT	EUCALYPTUS	PONDEROSA
BEECH	HICKORY	POPLAR
BIRCH	MAGNOLIA	REDWOOD
CEDAR	MAPLE	SPRUCE
CHERRY	MULBERRY	SUMAC
CHOKEBERRY	OAK	SYCAMORE
CRABAPPLE	OLIVE	WALNUT
CYPRESS	PEACH	WILLOW
DOGWOOD	PEAR	WITCH HAZEL

```
A A L R I N N A R M E L H G X R I S I A
A R E P P O T T R A H C A N D L A A S U
G T S L L W I I I U C B G U R D M M B V
H N I G R I V T O R H I H M A I T L O Y
E D N O L B P R E N E A L B W U R C T B
O L B E B O C B D E R H B E A S N Y T R
A H P R P U Y E I R I E T R Y C E D C V
I T H O L N S N V M S N I O M I O N R E
I N N T I R A T C A H I G N M R I O P E
O I A I K E H E I T D D U E A Y M B C A
B I I C E U R S S E X Y Y G R L H M C E
D N C A A G T O U R R Y R H G D B A M S
N O I T P O D A M I L H I U A H T U S E
U I S M R V G V E A A U T N C H L E M O
U A U T A U E E G L M C C U O T R M G T
K N M E Y O I I A G E E H L N T U P E Y
E O R O E G L B M I R O I Y C B T I U I
X E C C R T B U I R W C E A E V I T A I
T T A L E A O H O L I D A Y R R E I R T
O L U C K Y S T A R R S Y I T D N C I R
```

madonna

ACTRESS	EROTICA	MATERIAL GIRL
ADOPTION	EVITA	MOTHER
ALBUM	GRAMMY AWARD	MUSIC VIDEO
BLONDE	GUY RITCHIE	MUSICIAN
BUSTIER	HOLIDAY	NUMBER ONE
CATHOLIC	IMAGE	SEAN PENN
CHART TOPPER	KABBALAH	SEXY
CHERISH	LIKE A PRAYER	TOUR
CONCERT	LUCKY STAR	VIRGIN
DANCE	LYRICS	VOGUE

```
R L S T R U N U J O T J O L N N Y N L S
C T L A O S W I M M I N G K T S U B N O
A I S L I A N J T I O L R I N I S R I N
A M M L E R N L M D D A L P I S E S P A
R E E I O L G U E I P N O N B B V M E N
L U N R P M I N F L O W E R S I A N U D
E R E G R U B M A H E D R O K C W O M L
Y T C C M Y T N T S U G U A E E T T R H
V H A L K R O W D R A Y E B I T A I W B
I U M E R I R R W O I A O V P V E J M L
L N P W T L P V P N L E O K L B H O U L
R D I A H D L U A U M M D S A Y E M L A
O E N T E O E A H C N E O G Y J L S D B
M R G E D P E C B O A F I N G P U U O Y
O S T R A M E E I E T T N M R U T N J E
L T R M N O C T O B S D I E O I F S E L
O O P E O N C M A V A A O O U I T H P L
E R G L M A Y L D R A O B G N I V I D O
G M M O E E L C I S P O P C D O E N G V
N S T N L O R O A D T R I P M U S E U M
```

summer

ACTION MOVIE	HOT DOG	ROAD TRIP
AUGUST	ICED TEA	SANGRIA
BASEBALL	JULY	SOFTBALL
CAMP	JUNE	SUNSHINE
CAMPING	LEMONADE	SWIMMING
DIVING BOARD	MOJITO	THUNDERSTORMS
FLOWERS	MUSEUM	VACATION
GRILL	NATIONAL PARK	VOLLEYBALL
HAMBURGER	PLAYGROUND	WATERMELON
HEAT WAVE	POPSICLE	YARD WORK

```
V O L L A E O T M K S D O S E E U R M R
R E S A S O R P H D A S P D O I H E Y E
R N E I C S S W T E T E W E I V E H T T
Y B L C R S S S V S H E R O E S K T H N
G G A R U E S E D P O I O B B N W O B E
C R T I B E T R S E D L L H N E O R U C
N E E M S D O O S R E I R L T O H B S S
A Y N I F P M V W A A W K F S S S G T T
T S I N R I T I A T D O R A C E Y I E R
B A G A K D O V M E L H A M O I L B R O
L N H L E G D R E H I S P I L P I L S P
C A T M G T A U R O E T H L D T A E E S
N T B I A H Y S I U S H T Y C Y D S N N
L O L N R E S T C S T G U G A O R O O E
H M L D U O H E A E C I O U S O S T B P
P Y I S O F O C N W A N S Y E P A E O M
D D N S T F W G I I T O M R M D S P O F
L L N R N I T G D V C T R I S U P R O G
R U S S E C O E O E H E S N O Y O E E F
S A E C H E E W L S I R T H E E R S B I
```

tv shows

AMERICAN IDOL
BIG BROTHER
BONES
COLD CASE
CRIMINAL MINDS
DAILY SHOW
DEADLIEST CATCH
DESPERATE
  HOUSEWIVES
ELLEN

ENTOURAGE
FAMILY GUY
GREY'S ANATOMY
HEROES
HOUSE
LATE NIGHT
LOST
MYTHBUSTERS
OPRAH
PRISON BREAK

SCRUBS
SIMPSONS
SOUTH PARK
SPORTSCENTER
SURVIVOR
THE HILLS
THE OFFICE
THE VIEW
TODAY SHOW
TONIGHT SHOW
WEEDS

15

```
M E V N A U P I O M F R F H B G U B A L
J S L O T H I G H J U M P L U B E O W R
T E E G A B A S K E T B A L L N Y M B E
P N I S N C E R L L A B Y E L L O V T A
F A L N L G O A U A E R S I N N E T R M
T M Y N Y Y N M Y L A N E T O A D A T M
W U B C E Q U I P M E N T M I L S D E T
E I O I M M E L L E E S N O P S C A O R
R E N N E A G T S C T G M D M D I F I E
H D G N F T Y A M O Y I L L A B T O O F
P E B D E A E Q M R F C T E H W S O R E
T H T O U R N A M E N T E I C A A I A R
C L A R I J A H C S O S B F O H N R D E
S M B P U I T N A O M I C A M N M L N E
I T M L I O E O N L D E G O L F Y A A Y
T U N R E C C O S E A E O N R L G O N L
M T Y H P O R T D Q R A U D I E N C E E
M S U D D E N D E A T H I K A O D N R L
L G S O T O R E K A E R B E I T E A A W
C E S R S S K L A F L L A B E S A B O F
```

sports

ARENA
AUDIENCE
BASEBALL
BASKETBALL
CHAMPION
COMPETITION
COURT
CYCLING
EQUIPMENT
FIELD

FOOTBALL
GAME
GOLF
GYMNASTICS
HIGH JUMP
JUDGE
LOSER
REFEREE
RULES
SCORE

SOCCER
SOFTBALL
SUDDEN DEATH
TENNIS
TIEBREAKER
TOURNAMENT
TROPHY
UMPIRE
VOLLEYBALL
WINNER

```
E G W N A G B I G W E W I L N T R E R V
R O S H I S A T I C R A S I G L E E L A
D E E S I D C A E L Y T S R I A H S I P
E N S M R T H P N Y R T S I G E R R O N
K G N I D A E B U G L N I T A S I G M O
G P N A R C L Y A E M P I R E E A N A O
T S O G A A O G T E K T S I K N L I I M
E S I L S E R U C I N A M E E R D R D Y
I A T E R O E I B S L J M I E T G K O E
L O A R O R T M E O T E U Q U O B A F N
D I T M E M T H F L O W E R S S I S H O
N Y I U N M E I Q I G E I L O J S A O H
M H V I G E P R O T P L M S I D S M N L
E I N S A P A V A A W R O N O M E C O L
B P I S G R R E R I H Y T E I R L R R T
D C C E E H T I A R A I E R S O P Y A E
I L I R M E Y L W E D D I N G U A S D U
B R I D E S M A I D S S H O W E R T A S
O O S A N O I T P E C E R T R A T A E T
P E I T T O E D I A M O N D G O S L T B
```

bride

		RECEPTION
BACHELORETTE	FLOWERS	REGISTRY
PARTY	GROOM	REHEARSAL
BEADING	HAIRSTYLE	SATIN
BOUQUET	HONEYMOON	SHOWER
BRIDESMAIDS	INVITATION	SOLITAIRE
CRYSTAL	JEWELRY	STRAPLESS
DIAMOND	LACE	TIARA
DRESS	MAID OF HONOR	VEIL
EMPIRE	MAKEUP	WEDDING
ENGAGEMENT	MANICURE	WHITE

```
O U I M H E G U B O P I G L E I U D N E
T D E G I L L A I I B O N C D M I L I B
I N I L B E L N P N S H I L Q R L H L C
D O A E G R S A G E O O H R E O L O O P
L C L G R K T E B L C T S G R C A C M T
E P A A I G L S N Y C I I N B G B K E E
E L C L L N D R E N E Y F I C G E N M U
G A N A L I X U A N R L Y T G U C D I Q
A Y A C I P I O I O E U L A G W C C T O
X G K S N M G C B R S D F O B S O S E R
L R N D G A A F T D G L I B V O B U E C
I O O I D C M L U I N I B L N D O N T C
Y U R P M L E O N A C A G F S I N P I V
Y N N A S M L G S O L N S V O S A A L L
E D A R I C I A L Q I I A E K A L R S G
K Q B I G I S W B W U K N K S L I K O G
W C P S Y N N U S K K I L I M L A L O S
T N E B L M G S K F C S T H Q N R E E R
I G U B G N I N T H G I L O F K T L E O
M S L E E P I N G B A G K A Y A K E L O
```

outdoors

BOATING	KAYAK	SAND VOLLEYBALL
BOCCE BALL	KICKBALL	SANDBOX
CAMPING	LAKE	SLEEPING BAG
CANOE	LIGHTNING BUG	SLIDE
CLOUDS	MOSQUITO	SOCCER
CROQUET	PARK	SUNNY
FLY-FISHING	PLAYGROUND	SWIMMING
GOLF COURSE	POOL	SWING
GRILLING	RAIN	TEE TIME
HIKE	RAPIDS	TRAIL

```
S N F D F L A S D M I E U K F V H A B F
T C W W A V E A H T S U N S C R E E N R
A H I B H P A R D E P W A W H A I O R S
I R C E F L O A T D L V H I W B K P W R
C N E A W L R T L E A L S M T U U O N L
R E L C O A L I B E S C E W I C A A O E
O A O H F A O R N W H A A F T K A O S B
W M M T Y C E A P A L M T R E E D U A C
R R A O O E E G I E N A U T L T R A N K
L E U W Z C T R S S A N E C L F I R D O
A T R E O E Y A L E V O H S I H O K A O
A E S L O U T M A E S E U N A L S E O Z
A R A A R R N T N A T M G M S B O A A K
S A T S O E G S D E S A R D B U O B S H
O B O U T C L B H D R A O B F R U S A E
W O R R S A A O S A W M N B O A E N R T
A A E L A B E E O T A L F W L D R L I H
G S N I O I F O D C M A G A Z I N E L T
F M B Z K N S R C C A C E C R O A T L A
V A A C E E L T S A C D N A S R S S S G
```

beach

BEACH TOWEL
BOOK
BREEZE
BUCKET
CHAIR
COAST
COOLER
FLOAT
ISLAND
KITE

LAY OUT
MAGAZINE
MARGARITA
OCEAN
PALM TREE
RADIO
RAFT
SAILBOAT
SAND
SAND CASTLE

SEAWEED
SHELL
SHOVEL
SPLASH
SUNSCREEN
SURFBOARD
SURFING
SWIM
UMBRELLA
WAVE

```
A P T E S R T A A U C O P R C H T M O A
E B O D Y S H O T T P P P I L A E I E E
P P P P B E H J E L L O S H O T E N H A
M L H O P O O R G A S M P L G M Z C R E
A B Q H C E M E N T M I X E R I A R E B
R C P R H C R B B A S A Y M A N H E M E
E O O E O A E I P N O A M O S D E D M M
I O E N C R L T F O O E L N S E L I A E
L K N I O A P H B E P D H D H R P B L L
P I I L L M P R M L I P L R O A R L S O
C E A T A E I E O A H R P O P S U E A N
U M C A T L N E B G E U I P P E P H M B
A O O L E A Y W R O Z O E A E R O U A A
A N C F C P R I A S A O H T R J P L B L
O S D E A P E S C A K D O V C P Y K A L
B T I E K L T E H R I M O T E Q U I L A
R E U L E E T M B L M B M O B R E G A J
P R Q E A P U E A V A L A N C H E K R A
M R I O I P B N R E K A M R E L I O B E
T A L E R R E H C N A R Y L L O J K L N
```

shots

ALABAMA
  SLAMMER
AVALANCHE
BODY SHOT
BOILERMAKER
BOMB POP
BUTTERY NIPPLE
CARAMEL APPLE
CARBOMB
CEMENT MIXER

CHOCOLATE
  CAKE
COOKIE
  MONSTER
FLATLINER
GRASSHOPPER
INCREDIBLE HULK
JAGERBOMB
JELLO SHOT
JOLLY RANCHER
KAMIKAZE

LEMON DROP
LIQUID COCAINE
MELONBALL
MIND ERASER
ORGASM
POPPER
PRAIRIE FIRE
PURPLE HAZE
TEQUILA
THREE WISE MEN
VODKA

```
E E R E A E O I I L E O M R U R I I I T
N T R D Y K N I L F F U C F C E K T H E
N K L C Y E M E T R A I E G U C C I G B
N O T H G I E L D E R F M E F E H R A N
G S I L V E R O L E X P I T F I A O M E
T E F I A W E R N O L A G P A P N C I C
L I F N I C I K S V O R A W S E D A P K
I T A D L K A R A T I C K N E M E T E L
N U N O T S N I W Y R R A H C I L H N A
R Z Y R E M O N B R A C E L E T I M D C
U R T G I I U G I E C A T L L I E C A E
A N F A G R E N V E H F O D R U R P N K
T L I H K C A I I I O I T I O A H H T I
L N D T I L L R H T P I T A G H E U E R
I P T I A O E R I T A A N M R O O P E T
A K R E I T R A C A R L C O A A C P T I
I M O O L R I E H H D E P N I A A K E N
E R R C R E A R E C Y H E D H O C P C O
T E A N A M R U Y D I V A D M R U U D N
M R I M O M E G A H R M I C H E L E M W
```

jewelry

BRACELET	GOLD	PENDANT
CARTIER	GUCCI	PLATINUM
CHANDELIER	HARRY WINSTON	ROLEX
CHOPARD	HEIRLOOM	SILVER
CUFF	KARAT	SWAROVSKI
CUFF LINK	MICHAEL KATZ	TACORI
DAVID YURMAN	MICHELE	TAG HEUER
DIAMOND	NECKLACE	TIFFANY
EARRING	OMEGA	TIMEPIECE
FRED LEIGHTON	PEARL	

```
E M O I H T I G C E T E A N S G E O E N
L N N W A E A N R H E H S L L T H R G T
O E L H S D O N R T N E V O R R O Y Y U
C L T T E N E R H A L L O W E E N W E E
E M S E P F T S E V R A H E B I S O R W
N E N S T H O L I D A Y S M G P A E A F
C C D A E E R P N D I N S E I E V L K T
S O R T M I G R H R F C W C T R O U I H
E S I H B D P E C A L P E R I F F Y N E
S T A A E L D E M I L L A B T O O F G P
R U R N R P L I L T U U T R M N M N O R
E M K K R E L E M P S N E T I B A Y P E
F E E S W Y R S A H P B R K C R C N A N
G S M G I P T E C V O A P T O O E Y I O
P E M I N R U L A T E M T I R W S D H M
I H N V D R B O C P U S V N L N U N O A
Y I E I Y M S O S P N R S S G D C N V N
E H G N I R E H T A G T K C A S T R N N
A K R G E A T C E R E B M E V O N K K I
I B U C E Y G S G W S M Y P Y C T N I C
```

fall

APPLE PIE	GATHERING	RED
BRISK	HALLOWEEN	SCHOOL
BROWN	HARVEST	SEPTEMBER
CIDER	HOLIDAY	SOUP
CINNAMON	LEAVES	SPICE
CORN	NOVEMBER	STEW
COSTUMES	OCTOBER	SWEATER
FAMILY	ORANGE	THANKSGIVING
FIREPLACE	PUMPKIN	TURKEY
FOOTBALL	RAKING	WINDY

```
A O W C J R C A P T A N U G M C A O T N
L O A C S U A E N I L Y P T O E K C O L
A I I E D W G R N A A O W C E R N E U A
L N N O A Y E A P N I I M O R O C C O G
C O O O P E M D N C K M C W O Z C N N U
O O T T W O A I E D H C A O K U W A I T
A M S A R S C H I N A I I M A O N R N R
C B E L I Z E M O N G O L I A A A F U O
A V U X A D A N A C N L L E M N P E C P
W A P C I C D N A L A E Z W E N A N A I
A T P I R C N I W A L A N R T N J P E M
N I I V E E O A C A N L A L A T N R B R
A C A P G R T P P N L A T W E B O O O W
A A A I L C C S A L O E S H R C T S A A
I N N O A E U A A I R T S U A A O D Y A
L C O C I N D N A P O L A N D M I E C M
A I O N L D E D C B P H O S A W K I P S
A T A I O E I X H N L M R L C R A A E J
D Y A F O K P A I C P A I I U U A L R T
I P A W S Y E N I D N A L T O C S I O E
```

countries

ALGERIA
AUSTRIA
BELIZE
BOTSWANA
CANADA
CHILE
CHINA
CUBA
EGYPT
ESTONIA

FRANCE
JAPAN
KUWAIT
MEXICO
MONACO
MONGOLIA
MOROCCO
NEW ZEALAND
PANAMA
POLAND

PORTUGAL
ROMANIA
SCOTLAND
SOMALIA
SPAIN
SWEDEN
TURKEY
UGANDA
VATICAN CITY
WALES

```
O T D R N B T L I L S N N A N A U I N S
N S M N R I T R N O M G S I D U C I R A
C P R N S E K E N Y H G T O E E N E A M
O A G B A R T O T U R R U I C N A I C D
N R R A U Y M T C R S I L B A H C G B A
C K A L V A U A I L G D T T N C I D O G
T L P A I N V T L B R P P S T N D T L E
N I E N G N A P A V A L L E Y F I E E D
P N A C N O T M I O U E Y W H I T E E E
B G T E O D O T U S C A N Y R U Y A N R
O N O R N R N B C O R K G K L D T E G Y
B A A T A A B O O R T S P F E N I N A D
R T S I I H T E N R E B A C R N U A P N
C D T H D C B A C G D A I G R T R A M U
U X C C G E T A R L Y E N R A O F M A G
U H B B O D Y B A E Y G A A B A O R H R
E G L A E A X M A A A C Y U C R L T C U
T T I A O B M I M I H N S Y X N E T N B
U I I B A E E U N T B T B H O B T N S N
A I C O M A A N I F C C V N N N S A A B
```

wine

ACIDITY	CHABLIS	NUTTY
AGED	CHAMPAGNE	RED
AROMA	CHARDONNAY	ROBUST
BALANCE	CHIANTI	SAUVIGNON
BARREL	CORK	SONOMA
BITTER	DECANT	SPARKLING
BODY	FLUTE	TANNIN
BORDEAUX	FRUITY	TOAST
BURGUNDY	GRAPE	TUSCANY
CABERNET	NAPA VALLEY	WHITE

```
D E M O C R A C Y E I O E M O O I N L M
L C D R O A C L O D E V L R P C P E A T
L D A E M A Y O R Y E T I M R E T J T A
E I I P C S P H L E E T A B E D O N O A
C E A U E N E O C L A A E D S R T N T I
E L Y B A R O N R E V O G E I M C U O T
C A R L H E N C A C T R P T D D P P R P
R N E I T P V T Y T L A Y R E R N C O R
C O G C S I M I A O O R T N N R C A S I
O I I A A O L R T R A R D S T E D M C M
E T S N L L C Y B A L L O T I I M P A A
S A T R O O A L I T T A Y R T A R A D R
C N E P M O E L A E A N E D A L O I A Y
C R R E V Y R A O R T D E A Y S F G B R
E A D U N B C T E C T S P S T T T N H O
T T U O N R U T M A P L J V E S A L T T
E I E E O F F I C E P I C O C R L A E C
D V A L E N E E E D N D Y T R A P M T I
O R E T U C O C T G C E L E T D S E T V
A O T N T R H N E P Y O N R R V T O R R
```

election

BALLOT	MAJORITY	REPRESENTATIVE
CAMPAIGN	MAYOR	REPUBLICAN
CANDIDATE	NATIONAL	SENATOR
CONCEDE	OFFICE	SPEECH
DEBATE	PARTY	STATE
DEMOCRACY	PLATFORM	TALLY
DEMOCRAT	POLL	TERM
ELECTORATE	PRESIDENT	TURNOUT
GOVERNOR	PRIMARY	VICTOR
LANDSLIDE	REGISTER	VOTER

```
M U S C R T A M C O B Z S A Y A E T A L
O R U D B R T Y C C O M P E T I T I O N
D T T O J Z T Y A L E R M M U I N A R C
U Y H S A D R E D L A B S E E U O R R R
D A R D S R P T B A T T L E S H I P H O
O H S T O A G E E P A C S R E K C E H C
E T T S S T R A T E G Y O A C N C L R H
A Z R R E D S M R S N S O L I T A I R E
I E I U O G R S U C E T U Y U D S A A S
T E V B N E D A R O J E I T O S T G E S
R M I T I L S I C D H T O T L O E S B P
E E A U M B O A R D G A M E S B X O I O
I R L O O B S E U B R T W N L T A C L O
Z B P A D A M I M M G S A A S U S N L N
J Y U K T R K Y M O I E C E R S H E I S
O D R N H C B B Y J D K D S I M O R A L
S I S O O S A L N M J A L T S M L M R S
E I U A M C Y Y E A P Y I T O Y D R D L
E E I E A E R O C S T N T A E K E L S A
S E T D Y O M K Y L O P O N O M M G U T
```

games

BALDERDASH
BATTLESHIP
BILLIARDS
BLACKJACK
BOARD GAME
BRIDGE
CARDS
CHECKERS
CHESS
CLUE

COMPETITION
CRANIUM
DOMINOES
JENGA
MEMORY
MONOPOLY
OUTBURST
RUMMY
SCORE
SCRABBLE

SOLITAIRE
SORRY
SPADES
SPOONS
STRATEGY
TEAMS
TEXAS HOLD'EM
TRIVIAL PURSUIT
WAR
YAHTZEE

```
N K A O R D M E C B A R R K J R C S H P
N S E Z I P E F L T U H A N O N T A C A
T T O A N O O P S R E H T I W L E K J L
I N Z N B L O R D A A M O G O T L A O N
T C M E N D E S T E L M Z H N O L O H E
O W O R T L A P M M N D H T Y R O F A B
H A F I T A L S A A A C A L T T B N N T
H G D H N A J W E K D N H E E S L L S Y
E T K U F A T O K R E P P Y E E A B S Y
G O M A N L K I N T A R I A T B N A O S
R L R T O S D S Z E P O L N R P C S N H
A E S M T M T M N R S N C B K E H S E A
A S E B A R R Y M O R E O U R E E E Z N
O E E N E L N K M R R T A L I R T T U R
O L Z B K L B A T P R T T L S T T T R D
O C O R B R H A Y E K M O O E S O L C O
E R S E L N O N N S E J R C R L C H T F
L R R E T S O F E S A S T K S E T A O E
A R U S S O T R B R E P B H U J R A B O
Y S S Y B T H U R M A N O L K A Y N S M
```

actresses

ALBA	DUNST	MENDES
BARRYMORE	FOSTER	PALTROW
BASSETT	HAYEK	PINKETT
BERRY	JOHANSSON	PORTMAN
BLANCHETT	JOLIE	ROBERTS
BULLOCK	KEATON	RUSSO
CLOSE	KIDMAN	STREEP
CRUZ	KNIGHTLEY	THURMAN
DENCH	LATIFAH	WITHERSPOON
DIAZ	LOPEZ	ZETA-JONES

```
S Q T E H P M O I R T E D C R A D U E S
U A T M R E W O T G N I N A E L E H E U
R F E N O N E H T R A P A T C E R C I M
U O N Y H S E L P M E T N A Y A M C I U
I R I E A Y E R S R O C K C V E N I C E
R B I T M E C N N P L H C O N C K P G S
R I E N T A A Z T E C T E M P L E U P U
R D G R A N D C A N Y O N B I M C H Y M
N D A A A O P E R A H O U S E M H C R E
N E T V I C T O R I A F A L L S C A A R
M N I B L M C R E T L R D O X F R M M V
K C M I H A G I A S O P H I A N S T I U
E I R G N E G N E H E N O T S E I N D O
T T E B N I A T N U O F I V E R T H S L
L Y H E T A J M A H A L L A C N A A P T
L S U N E U E I F F E L T O W E R E N S
I G R E A T W A L L E S E V E R E S T G
B A M A T T E R H O R N C O L I S E U M
Q M K R E M L I N S Q U A R E N U R Z Y
I Y H N I A G A R A F A L L S E E A E A
```

world landmarks

ARC DE TRIOMPHE
AYERS ROCK
AZTEC TEMPLE
BIG BEN
CATACOMBS
COLISEUM
EIFFEL TOWER
EVEREST
FORBIDDEN CITY
GRAND CANYON
GREAT WALL
HAGIA SOPHIA
HERMITAGE
KREMLIN SQUARE
LEANING TOWER
LOUVRE MUSEUM
MACHU PICCHU
MATTERHORN
MAYAN TEMPLES
NIAGARA FALLS
NOTRE DAME
OPERA HOUSE
PARTHENON
PYRAMIDS
SPHINX
STONEHENGE
TAJ MAHAL
TREVI FOUNTAIN
VENICE
VICTORIA FALLS

```
L O D N L A A R A T E P G R E L R L F T
O Y B A B Y S B R E A T H N A C N L I C
H L C A N W V D Y A I G O P K A B A T S
L I O N D C E B A A R G H R I L N I E N
T L N Y I E H Y D R A N G E A L L N W S
P R E L I L A C L R H W U V C A U U I U
V E F D A F F O D I L R E Y E L R T R N
E T L V L E A P N B L N S R E I T E I F
R A O T H O A H A T D I B R T L E P O L
B W W Y N N G I H E A M R E B Y L E O O
E I E L S F N I R D U W L B G O E O I W
N D R G A D S Y R I P O N W I O F N L E
A E G P I T P A N A I L O A L R N Y U R
M O I H L P B A N V M R D R I E O I V R
B L C E O P R S G P U I T T I S A F A D
R R L P N E Y A L M L R C S Y U H N R F
O R A V G F P E R I W I N K L E F C M D
S T F P A I T I O O A N W O F Y W E U E
I V E R M M O R N I N G G L O R Y O T F
A D T F Y E L L A V E H T F O Y L I L B
```

flowers

AMBROSIA
BABY'S BREATH
BEGONIA
CALLA LILY
CONEFLOWER
DAFFODIL
DAISY
FUCHSIA
GERANIUM
HYDRANGEA

LAVENDER
LILAC
LILY OF THE
    VALLEY
MAGNOLIA
MARIGOLD
MORNING GLORY
ORCHID
PANSY
PEONY

PERIWINKLE
PETUNIA
POPPY
SNAPDRAGON
STRAWBERRY
SUNFLOWER
THISTLE
TULIP
VERBENA
VIOLET
WATER LILY

29

```
V T K M E E E H E S N P F O C S K N O N
A N B O A R D G A M E L A L P A U S S E
P S S D E L S E F E N M T C K S R R A D
N C C N R E S S N O E I N V I T E D L U
E A N E N R A C O L O C C O N K N R S D
C D L I A T K C O C K D D K C N O C A P
G I W R U S P I H C H I N A N W M N A M
A E L F I R A E U S U E R E I T L C R I
U S P C P C E D E R L C P T K D A V C R
R D N B I S E Z E R E A A S P E S U O H
E E N E E A E M I N I P I K A E E T U S
D I A O E D D D U T A E L D N A C W P G
I C E R N R S E R S E K I R N D H O L T
L D I M K L T B R C I P A R O U C E E R
P I C K S N C N R A P C P N E S A I S E
T E N G N I T T E S E L B A T S S I H S
N N E S A A U N S I D E D I S H T S O S
C N U E A E D G L E I Z P K B I I D A E
E W S I D I N I N G T A B L E P O O M D
D D A S I D N O I T A S R E V N O C R R
```

dinner party

APPETIZER
BOARD GAME
CANDLE
CARDS
CHEESE
CHINA
CHIPS
COCKTAIL
CONVERSATION
COUPLES

CRACKERS
DESSERT
DINING TABLE
DUCK
ENTREE
FOOD
FRIEND
HOUSE
INVITE
MUSIC

NAPKIN
SALMON
SALSA
SHRIMP
SIDE DISH
STEAK
TABLE SETTING
TAPAS
WEEKEND
WINE

```
R M U E R R T M E M I E R R E R M H A E
R E E R C A W M O L A I E C H C C U D O
S E E R I M E E C E H A R E C L H Y P N
G A H M A U U E W B L O A H H E R C P W
B C K S B L I G E T R G E H K R H H I A
S B F O B D U A K E Y S A O R A D N N S
B C A F I C M A D O N N A R R D E N H I
I T M A D G K N W E S T E L F H U I O Y
L L N E L S O N Y A F H E O O U T F E R
W A I O S W L H H H H S I U R E N L F R
Y L V N A H N I L A N C S A C O R K F P
I K T I M B E R L A K E I R T A U G E O
E A M W G A R I K A H S R R M W S R A L
R A R C A N R O E O U C A C Y D H H A L
S N O A E I E C O E A P R E S L E Y O E
B Y E I H N N S R K S N E O U L R I D T
S D L A T I T L I I S E Y R S L N N S S
B A N E R O D I A M O N D O U B S U G O
E N S P A S E W R O O S U O E S Y G B C
A H E A D O O W R E D N U I D A E E A N
```

singers

BLIGE
BROOKS
CASH
CHARLES
CHESNEY
COSTELLO
CROSBY
DIAMOND
DUFF
GARFUNKEL

KEYS
LAUPER
LAVIGNE
MADONNA
MARLEY
MCENTIRE
NELSON
PARTON
PRESLEY
PRINCE

RIHANNA
SHAKIRA
SIMON
TIMBERLAKE
TWAIN
UNDERWOOD
USHER
WEST
WINEHOUSE
WONDER

```
H N G L S O A E H O H R I B L C E R O T
D D E J A G U A R A U P S O A E E C R R
K L R O A A R E S N F U O D T A N T A R
O S O R C D G P O E C M R P A B P E S O
O E G O R I L L A Y C A E U C J N E E L
S R O O T S L O T H P E C H E E T A H B
E F E R R E T W I O A R O K L L O C R E
P L E A E A T P E E O F N O O M H O E N
E O L G A L M L O M L B I O P A W L O N
A O L N D U A S E O A R H T W N O R O R
E R E A N P O L W D F R R T B G N H A O
N A Z K A O R M G P F C A E Y R R M O Z
T N A E P Z O E L R U N A R P S O U H F
M G G E E S R B T Z B R E C L E N S E R
G U L B J I L B A A N O G A F A S R O B
R T R N R N A L O B L E M U R L U R I P
T A K R E E M H T O G T P D A I O K A I
L N A H L O U A O M U S S O P O E C O I
O A B O D O N K E Y N A L M T N H L N A
R E N I P U C R O P R N Y I E U B L R L
```

animals

BABOON
BADGER
BROWN BEAR
BUFFALO
CHEETAH
CHIPMUNK
DONKEY
FERRET
GAZELLE
GORILLA

HYENA
JAGUAR
KANGAROO
LEMUR
LEOPARD
MEERKAT
OPOSSUM
ORANGUTAN
OTTER
PANDA

POLECAT
PORCUPINE
PUMA
RHINOCEROS
SEA LION
SEAL
SLOTH
TIGER
WOLF
ZEBRA

```
A D A S A D B H E U T N P D D R R R S F
P A R S S I T O S S N P A C L Y D R S D
A I R A S A G D B P U O D A S I E F U U
F D W H S E R F S L H A D S T W N N G S
P R A B B I T G Y G G Y A N O T O D A S
A E H S B Y R A T D G I L H A Y L F R S
B S M F L O W E R S E E S E R C R N A D
D S R R W S A R A A R N G I I E F U P R
I E Y I M A L N G S I O S N S L T R S R
U S N N R F R T D A F F O D I L H S A N
H G U U N B H M R G L D B D N E D R A G
S M G T G U O G E M S H O R T S Y L L E
S R G G P T S G A N S C R L P U N D S I
T A R B G T S L P L A N T I N G O L D S
R N H B L E N L I N S H G U S G F A U N
H E U E A R S P D R N C R S L R T D B S
A I R T R F A Y Y C P R S G L I R N T N
L N E T R L R B S A L A D U U S P A O S
G R S D F Y A S E A M M L L A B E S A B
T B U A R N D E S Y O F N W D A D T E D
```

spring

APRIL
ASPARAGUS
BASEBALL
BIRD
BUDS
BUTTERFLY
CANDY
DAFFODIL
DRESSES
DYEING EGGS

EASTER
EGG HUNT
FLOWERS
FRESH
GARDEN
GRASS
GROWING
MARCH
MAY
OUTDOORS

PLANTING
RABBIT
RAIN SHOWERS
SALAD
SANDAL
SHORTS
SUNNY
TULIP
WARM

```
N S H A A T M R I L B T Y A R I M O D O
T G T R O E B E A U T I F U L T L I I R
A I Y O R E H N O I T C A E A O W R A O
A R C T H O R N T O N F R V C O A I V D
N L E R U O A I D O B M A C O T I T N A
P I L L M P P W C A B R A D P I T T E S
A N E Y A L A R A C R O F T T M G I A S
R E R E I M A C P S H B P R Y G A O T B
L R I S T R R S O D R E R F G O G R R M
B R T N A S A O I R V I E T N A M A E A
R U Y N R S Z I H T A R H A D V N P S L
N P I O I M Z T T G G O T I E G E P S L
A T R N A I I O E P R G O D E N I O I I
F E G I N T B I S T E L M L I L C M G W
E D G T T H L B W A B I I A T V N T S D
U A F A M I L Y A A N N O I T P O D A O
R X E O O T T A T A A O C U H S S R T O
S M A I H B D I A N G I E R O F T Z C G
H R V E B A V E I E T T E N U R B H C E
```

angelina jolie

ACTION HERO
ACTRESS
ADOPTION
BEAUTIFUL
BRAD PITT
BRANGELINA
BRUNETTE
CAMBODIA
CELEBRITY
DIVORCE

ETHIOPIA
FAMILY
FOREIGN AID
GIRL,
   INTERRUPTED
GOODWILL
   AMBASSADOR
HUMANITARIAN
LARA CROFT
LIPS

MARRIAGE
MOTHER
MRS. SMITH
OSCAR WINNER
PAPARAZZI
SEXY
TABLOID
TATTOO
THORNTON
TWINS
VIETNAM
VOIGHT

```
L T E E R R Z W I R V M O V I E S L A M
G R A M I T C I G A M E A S E L I O I A
H I F N E T I O A E V O O G W R R A C S
I W S H G R A R G I L O D F S E I O M R
L E I L N I O O R N P R U F N O U H R E
G F D O G L N D V I I O B O O K S O E R
E E C N H S T N E E G L T O G S B G E U
O N O K E E E I Y L R L W T W H L S M L
O E O O V V E F N O B G O O E A A M E R
H L G I I D Y F D U O M L O R R C E E E
M P R L M E L Y N E T L U H S R K A E S
O P L E L R G R M G A R D D T Y E D P T
S E O S T N E G L H G Y O F L A M E L R
B B A G A A G H Y M O A E M H A I T E A
O E U R W H E L R F E U H O E P A N S W
W E R A A V H H A S W I Z A R D T N N G
E G O N D T T D T S U K M U G G L E E O
O C R G A A I S G A S E L O E R M O O H
G D T E H O C A G L E E S M R L I A V R
G S D R O T N E M E D D S E V E N D I M
```

harry potter

AUROR
BOOKS
DEATH EATER
DEATHLY
   HALLOWS
DEMENTOR
DUMBLEDORE
GINNY
GLASSES
GRANGER

GRYFFINDOR
HAGRID
HARRY
HERMIONE
HOGSMEADE
HOGWARTS
MAGIC
MALFOY
MOVIES
MUGGLE

NEVILLE
POTTER
PRIVET DRIVE
ROWLING
SCAR
SEVEN
SIRIUS BLACK
SNAPE
VOLDEMORT
WEASLEY
WIZARD

```
C T O S A K O B A K I N G P O W D E R A
T N I A L L I N A V E M G C G V M C C L
E C C O M O C C H E R R I E S T E S H I
I D O R R O K O T G B K C X E G R N O N
U A F O L O I C G T G P R A I A I E C T
A D C E K R I B B O G M S O G N N C O P
E O U O A I E A U F S P I U N B G U L K
F S O O R G E N O L O L S U R M U P A E
P G T S T Y T O M O S D E R E N E C T E
M N A O S T R S N U E T K A K E C A E N
E I B R U U A R A R B O S R U L A K C I
C K L E R N D O E O G U A C N F E E H E
A A E G C O M D R B R C T N R I H S I L
E B S N E C W O S E E A I T O O F L P E
L T P I I O E L R O C U N N E G F F S D
O M O T P C C K R E I T L C N R C A U A
I W O S R P I O A R P P T B N A E G G M
M O N O I T A R O C E D E D N O M L A U
P X O R G I N G E R S N A P D R H O R I
S A T F A N S N A Y G N I T F I S N N X
```

baking

ALMOND
BAKING POWDER
BAKING SODA
BLUEBERRY
BUTTER
CAKE
CHERRIES
CHOCOLATE CHIP
CINNAMON
COCONUT

COOKIE
CUPCAKE
DECORATION
FLOUR
FROSTING
GINGERSNAP
MADELEINE
MEASURE
MERINGUE
MIXING

MUFFIN
OVEN
PIECRUST
POWDERED
  SUGAR
RECIPE
SIFTING
SUGAR
TABLESPOON
TEASPOON
VANILLA

```
H O A U T E E C H V R O S H R Y R N C M
C S P O R T U T I L I T Y V E H I C L E
I S A V O L V O L K S W A G E N F N N E
O A D Z A M T R U C K C A H D O I V G L
Y H N R U P E A U V C E G E R R H E E Z
V O O C O N V E R T I B L E T U S D N M
L O H D U U E S Y E U C I P O N I B E N
C I A N R A T R Z B B G T S I R B F R S
U L C L A A G H U V N S C O A A U L A S
J N M I B O I R L T D R R R M U S A L P
R R E P U O C H E V R O L E T C T U M O
N W R O S I S I A E F O R D N U I M O R
U A C U R A N Y T L U I S A L E M N T T
P E E J R L O I M D C E V E O C S E O S
I A D I R U G S E A D I X L S S A R R C
I T E R D X A U N A N U E I E W I N S A
A O S I E U W O N I S S A N K M N I R R
S Y B R M R A F M S A S A U E T L A A M
E O S C I Y R U C R E M E T A N C V O M
E T C A P M O C I W I A M T D A N H M N
```

cars

ACURA	GENERAL MOTORS	NISSAN
AMERICAN	HONDA	SEDAN
AUDI	JEEP	SPORT-UTILITY
BUICK	LEXUS	VEHICLE
CHEVROLET	LUXURY	SPORTS CAR
COMPACT	MAZDA	SUBARU
CONVERTIBLE	MERCEDES	TOYOTA
COUPE	MERCURY	TRUCK
FORD	MINIVAN	VOLKSWAGEN
FOREIGN	MITSUBISHI	VOLVO
		WAGON

```
U R Y P S E R T H A C T R O E A C S P C
P E R W H S R I S R U N N I N G E T C O
R R Y R E T T O P O S D R A C G X H G U
H N M E S R M G M H K I O G R K E S N S
T T R A V E L G A M O R N I N D R N G I
A S S R H T N R T S O N T N K I C N E K
B I L L I A R D S M B V B V E N I O C R
T C S S I E N C U R P G I L E T S K E O
T Y F A N H U S T F A R C E T I E B S W
I R K S P T I L N C R C G I S I I T S R
O L T G H C R G I H C G N N N C N S O E
R H C O O K I N G G S K I T Y P N O S E
T H A E T L N I N P C S T C N P R E I T
E C M C O F F H I N I K L N N P T G D N
B F P L G E S S C E A E I V C O D R N U
O R I O R N S I N S S G U N N I O L R L
E I N U A C I F A O R G Q O B C I E I O
R N G A P H S K D V V S I C S V D G Q V
H A F N H U N A I T E H C O R C C O C W
I E I R Y V I I I H U N T I N G T N E C
```

hobbies

BICYCLES
BILLIARDS
CAMPING
CARDS
CARS
COIN
COOKING
CRAFTS
CROCHET
DANCING

EXERCISE
FISHING
GOLF
HIKING
HUNTING
KNITTING
MOVIES
MUSIC
PHOTOGRAPHY
POTTERY

QUILTING
RUNNING
SCRAPBOOK
SKIING
STAMPS
TENNIS
THEATER
TRAVEL
VOLUNTEER
  WORK

```
R E Y A F T L A B O S B A R I D U E K E
A I B A A F L S A M U E L A D A M S S S
I R G F F A T S L A F K D I E D R B K R
W O K E I R Q L T K C O B I A M V I A O
K L O O N R M M T O O C G R Y I L N D A
E L S L D I E T B I G R U U K L O D A B
O I K F L S A E E U O L I R I R V V B
C N C L R B L I M T D U N A O O B E E C
S G E T A P D L U L G W N C S U U R N U
R R B L I H E R I L N S E L E T S M A S
E O U R T U A B G A I H S I L T C R R D
U C T D E S O D L G Y E S D S O H E R D
D K E L E L A O E O L I K L O E T D E R
T L S A E I G C B D F N L R A S R S I A
K C U H C D O O W D M E S I O I S T S V
Q C C E R R G R E E B K C F I I E R G E
D I M R R G K S N R N E E K O E I I R L
M L S B L U E M O O N N N U O I H P E U
S U M E O E D O S E Q U I S F L L E D O
I I E A I E T A E L A Y U G D A E D U B
```

beer

AMSTEL
BECK'S
BELL'S
BLUE MOON
BOULEVARD
BUDWEISER
BUSCH
COORS
CORONA
DEAD GUY ALE

DOS EQUIS
FALSTAFF
FLYING DOG
FOSTER'S
GUINNESS
HEINEKEN
KILLIAN'S
LABATT
MAIBOCK
MICHELOB

MILLER
NEW BELGIUM
NEWCASTLE
RED DOG
RED STRIPE
ROLLING ROCK
SAMUEL ADAMS
SIERRA NEVADA
TRIPLE BOCK
WOODCHUCK

```
N O O S H E E R T E Y Y R O G R C S L A
S O R A N A I Y T I C K R O Y W E N D N
B D P G U N C H A M P A G N E T O I E T
D L W H U I D O S A T Y I R O Y R W O S
R L O O S S W N M Y A D I L O H Y A R A
I F C Y S S O G R U D N I L R E B M P A
C I S P O C R K I S S N C N A N L A G Y
K R O G O G C O S T N I E R C O O N G G
I E M T U R P N Y O O C C Y C G H O A I
O W A M M H I G O U E B N S O S O I O U
R O R U D I L E D E A E S N S N C T O C
T R S L A I D E N Y S G N A L D L U A O
A K I Y O C C N L A E Y A E S P A L T N
R S E O A E H K I P J C G L A I C O S C
L R E O M I R G C G U E S A S S A S T E
S T C B L O G Q A L H O D L W T I E N R
D O E R R R E A I U A T C O T N O R O T
H R T I M E S S Q U A R E A I R E A A O
I C C J A N U A R Y D E K O E R C O S P
G N B A L L D R O P P I N G N L R D O T
```

new year's eve

ALCOHOL	FIREWORKS	NEW YORK CITY
AULD LANG SYNE	HOLIDAY	PARIS
BALL DROPPING	HONG KONG	PARTY
BERLIN	HUGS	RESOLUTION
CHAMPAGNE	JANUARY	RIO DE JANEIRO
CONCERT	KISS	SOCIAL
COUPLE	MIDNIGHT	SYDNEY
CROWD	MOSCOW	TIMES SQUARE
DECEMBER	MUSIC	TOAST
DICK CLARK	NEW YEAR	TORONTO

```
G N G S L O C A R T E L N D A L P A R H
D R I E B S O O Z G N I T T E P G B C E
F Y R M A E N B U R M E S E P Y T H O N
A E Y T T F C R O C O D I L E E S O R G
T E R Y E A E W A L L A B Y T V A G Y R
O E M L A N S A D P E F S Y A E E I U I
L H C I R T S O E R R T G O E T N T A E
A B R M E E I E R I M A E R C E C I E E
I T L A D A O R E N B O C G E R O A L D
Y N G F F T N N G E G G F L N I N I W D
N A E R O E A G N V B P R I E N N B C R
A H W P X R E A A U R L E O P A R D A E
S P A K C I E G D O H D A N H R A U R M
E E G I L A M O N S T E R M C I G E E M
H L B E W A I R E I P L D R I A M G D U
N E E O V E W I H A D R I G J N A A P S
A A D E E S C L T O R E D Y E O A R A G
E E D T U A E L T R L A E D H H N S N M
A I N E R R G A S M L A R F E O O N D G
R F N S P I D E R M O N K E Y E R G A K
```

at the zoo

ANIMAL
ANTEATER
BAT-EARED FOX
BURMESE
   PYTHON
CARE
CONCESSION
CRANE
CROCODILE
ELEPHANT

ENDANGERED
FAMILY
FEEDING
GILA MONSTER
GOAT
GORILLA
HEDGEHOG
ICE CREAM
JAGUAR
LEOPARD

LION
OSTRICH
PETTING ZOO
RARE
RED PANDA
SOUVENIR
SPIDER MONKEY
SUMMER
VETERINARIAN
WALKWAY
WALLABY

```
K R R E Y O N E D Y I E L A O U F S G H
N N A E N U M T R S E G N K E L E E O E
O M B E A C H M B A E L B O P C E B O L
P O E G A A S A L E E C R A T I R A C E
K U R N L C C D Y D E N L A M T L A H N
N N T R O P S R E T A W O D M U A S O A
L T M B T Y O M N B E S N N O B R K R E
U A R E B A E I A O P E O A N E O R I B
T I L O O N N L I Y L E B L D D C B O B
A N N N E E R G L L J R L S L U T B S I
L E E E M E B A S O E E P I R T S D E R
W E L I W R C N N S W O R C O B G I R A
N B L U E L A G O O N G A N J A R N G C
R E R G E D Y R R R E R R M A H E G V S
C E G P A T T W K N E N O T S G N I K A
O A L B S N L R E S C U B A D I V I N G
E E T M N A A U L D N L R G T K R S O K
R D G R U M O N T E G O B A Y E I U E I
A L N R R S O L A C I P O R T S T F O U
I I R M S T Y I L B I B O G S U N S E T
```

jamaica

BANANA
BEACH
BLUE LAGOON
BOATING
BOB MARLEY
CALYPSO
CARIBBEAN
CORAL REEF
GANJA
GREEN

ISLAND
KINGSTON
MONTEGO BAY
MOUNTAIN
NEGRIL
NEWLYWED
NINE MILE
OCHO RIOS
RED
RED STRIPE

REGGAE
RESORT
RUM
SCUBA DIVING
SNORKEL
SUNSET
TOURISM
TROPICAL
WATER SPORT
YELLOW

```
P N M E R A B A S I E E N I S S U O P S
I R D U C H A M P T I Z T R R Z R N S O
A K G A U A I T E M E I A E E U T G M R
E N S K S E T N I O A A B G A Y K R O G
S A S H E A O C O C P L V B N G B Q N O
P A L E S M G A E I A I A R E E M R E V
B S E S S R A E E U C R B T E K R B V O
O C A E E S I R D I U C A E S N O C A B
H C H P N V I V I B I E O V V S A P N S
E B P A T N Y T E B A E V B A C C I E O
F O A H G N A N A R N G S C I G R E Y R
H U R S G A S Z E M A N E T C C G U C C
R P R L I O L D E K O O N I N G I I K R
K R H A E K G L L C S T E B I K Y A O U
E A S L O I C N K S E C U L V T E I G R
T A E E A D A T A R U E S U A N F N I S
C A U A M A R C P V P N L Y D A E C T L
A S S M T A I U Q S A B K R A E E A M T
K E I I O P E L A T A V N S S V K M T H
F M U R A K A M I L L E C I T T O B C C
```

artists

ALBERS	DE KOONING	O'KEEFE
BACON	DEGAS	PICASSO
BASQUIAT	DUCHAMP	POUSSIN
BOCCIONI	GORKY	RAPHAEL
BOTTICELLI	HOPPER	RIVERA
CARAVAGGIO	KLEE	RUBENS
CASSATT	MANET	SEURAT
CEZANNE	MATISSE	VAN EYCK
CHAGALL	MONET	VAN GOGH
DA VINCI	MURAKAMI	VERMEER

```
A A N A D G E E F R E N C H T O A S T R
L R U H C R E A M C H E E S E A L U I C
O L C P G S S G U E C I U J E G N A R O
W E W I A T C C M Y M I L K O H E P E F
W E A Y E R O C R T S A O T G E B T A F
C C H L E A N R T S A A G U C S N B A E
L M J D T W E E N O T U O A P D B R N E
O B O E E B N W W M T D O S Y G W E B S
L S E I E E O T E T T D E L B M A R C S
L A O U A R M A P L E S Y R U P F N L L
R E L L B R L D L B S L S E M U F F I N
S B O H E Y L U A A J A E T T A L U F E
L H S C T E G G S N E A S M L J E L L Y
S A B U T T E R L A I R R N O U A N E O
H M E T F L S H D N P S E O T A T O P R
U B C N M E G A E A A L H C M N H O E P
H S B B O N G T E K A C N A P E S H M C
T U S O T L E U N N P M L B H E P E R C
M T N O E W R C I N N A M O N R O L L A
D A C R G O D U O L A U N O S Y M C U N
```

breakfast

BACON
BAGEL
BANANA
BLUEBERRY
BUTTER
CEREAL
CINNAMON ROLL
COFFEE
CREAM CHEESE
CREPE

DANISH
DOUGHNUT
EGGS
FRENCH TOAST
HASHBROWNS
JELLY
LATTE
MAPLE SYRUP
MILK
MUFFIN

OATMEAL
OMELET
ORANGE JUICE
PANCAKE
POTATOES
SCONE
SCRAMBLED
STRAWBERRY
TOAST
WAFFLE

```
I V L C K Y E S A A V P S C O S Y S S Y
H E O A A R T I F A C T F C Y S A T N S
F T D R O F N O S I R R A H C A D B P K
Y R N M B L O C K B U S T E R C V I R N
O S E Q U E L S H O U O N P L U E R O O
O C O C K L I O R O N I A S G L N M F I
D R G A Y I A Q R F I R S R B O T O E T
R Y N S K Z R E R A T T H E U S U O S A
O S I N R A G R S Y S E R G V T R D S C
B T A C O N Y S B C I G A C K A E F O O
R A L O A R L O E V G C N D A R D O R L
U L L D I R O W O E O N A I N K A E E N
S S I N A B H M Y E L D I S Y R S L H G
A K V O S I E A L E O O D C T A U P N I
S U J I P Y C R G C E O N O E A R M R E
O L O T N O N I E E H U I V H H C E L R
R L N C J I U O L N C A I E D I T T T O
A S E A N C O N N E R Y H R K T S L Y F
U H S T R T P E N S A E L Y R A A V V R
P O R P L C L H I D D E N A E C L U E S
```

indiana jones

ACTION
ADVENTURE
ARCHEOLOGIST
ARTIFACT
BLOCKBUSTER
BOOBY TRAP
CLUES
CRYSTAL SKULL
DANGEROUS
DISCOVERY

FOREIGN
LOCATION
HARRISON FORD
HIDDEN
HOLY GRAIL
INDIANA
JONES
LAST CRUSADE
LOST ARK
LUCAS
MARION

MOVIE
NAZI
PROFESSOR
SEAN CONNERY
SEQUELS
SNAKE
SPIELBERG
TEMPLE OF
  DOOM
VILLAIN
WHIP

```
E A S C A E S A L M E I C A H G A N R L
I R L H E T S N I A A R R D R I U U A E
I L R A E P E R W J G F O R E S E M C T
S E P M V R R E V L I S D E S W R T O L
R T M P A N D O Y T E S E N N R O C T C
C P T A V D I T S G O T A E O C E Y O H
P S R G I Y R A T R A N A W I M S R E U
R E N N T A O P S D E E L V T N A O R R
T E G E P T M P C I I S I O A L P I C C
R R C N O S A A R N R E I W R V P Y D H
T E E E R U N O Y N O R P S B M H B E H
N S H M P I C S S E E P H T E A I U Y U
A L D L H T E I T R O F P T L D R R W P
T T G C E E I P A P E R R A E P E T S P
I E L P U O C O L L B C A G C I C L S H
E A T F G I A M N O R E T S U F T P R N
B D H I T Y H A Y A V I R R I A S F N E
C H L A I N A W J E L E H N E R D E I R
R O E O A T E J E W E L R Y G S O S C F
G R I N G L W W H T E I T N E W T R E D
```

anniversaries

CELEBRATION
CHAMPAGNE
CHINA
CHURCH
CORAL
COUPLE
CRYSTAL
DIAMOND
DINNER
DRESS

FIFTIETH
FORTIETH
GOLD
JEWELRY
LOVE
PAPER
PARTY
PEARL
PRESENTS
RECEPTION

RENEW VOWS
RING
ROMANCE
RUBY
SAPPHIRE
SILVER
SUIT
TOAST
TWENTIETH
WEDDING

```
E O A N W M N S E S E C I D L G P L C R
G Y E B O O T S N C T M F Y L I M A F A
G D R E N A S G A T H E R I N G S D N T
R M R E S F E I R E B M E C E D E A O R
K A E C N A R O A R A S H D G E O E E E
N M E A E H A N U K K A H Y I Y L O C B
I O G R W R T A B G A M O N Y E Y T A U
E H N O Y H R A N Y D T D E R W O E L E
N O A L E Y O I E W W S N R U D O L P H
N N H I A E I T F R H I H E M R A T E Y
A E C N R K D S C N W R N K E W C S R R
T Y X G S N S R A H A H I T H E C I I A
N B E N E A S N A N O C I A E A I M F U
A A T I V M A O O Z T C O R R R A G R N
H K F D E W E H U W Z A O F R N C X W A
W E I D L O C N S N B I C L A G F O S J
O D G E L N Y A O F J A L L A O I S A B
N H T L B S Z W N R R N L B A T C H L T
U A M S L D N A L R A G N L M U E K D D
E M S D N E I R F I Z H M H G L S E G H
```

winter

BLIZZARD
BOOTS
CAROLING
CHRISTMAS
COLD
DECEMBER
FAMILY
FEBRUARY
FIREPLACE
FRIENDS

GARLAND
GATHERINGS
GIFT EXCHANGE
HANUKKAH
HONEY-BAKED
  HAM
HOT CHOCOLATE
JANUARY
MENORAH
MISTLETOE

NEW YEAR'S EVE
RUDOLPH
SANTA CLAUS
SCARF
SKIING
SLEDDING
SNOW
SNOWBALL
SNOWMAN
WINTER COAT
WREATH

```
T T E O E N T O B Y R L N Y B I U F K L
O N E G G C D Y B U W B A L F E R O A Y
G E L O K L A W B R T A L V I N A N L J
F P P H C P F I M O W T G O O F Y V W O
N R I T U O F N D D E M H U D K G A I A
D K Y F D P Y N O K E A E E M N Y N L S
V V C S D E D I B R T N S O A Y P A E M
A F U L L Y U E E O Y F T W R D M Y E R
O E D R A E C T T C B R A E G R I N C H
O L A I N P K H T K I E T L Y O T N O N
B I O G O I A E Y Y R T G K Y G S U Y A
W X G F D K E P B U D R O N V S C B O M
N T O F H A W O O T W E M I O U O S T O
A H D U C C A O O P N B R W N P D G E W
B E R P I H T H P B S L A L Y E S U E R
U C E R U U E P I J O A I L B R B B R E
L A D E E R K T E X O T O U M M E F I D
D T N W E K W R D C E A E B U A T P O N
N I U O M B R M W A K F D A G N U W B O
E U G P G Y H N W O R B E I L R A H C W
```

cartoon characters

ALVIN
BATMAN
BEAVIS
BETTY BOOP
BUGS BUNNY
BULLWINKLE
BUTT-HEAD
CHARLIE BROWN
DAFFY DUCK
DONALD DUCK

FAT ALBERT
FELIX THE CAT
GOOFY
GRINCH
GUMBY
JERRY
PIKACHU
POPEYE
POWERPUFF GIRLS
REN

ROCKY
SPONGEBOB
STIMPY
SUPERMAN
TOM
TWEETY BIRD
UNDERDOG
WILE E. COYOTE
WINNIE THE POOH
WONDER WOMAN

```
P U T T R T E C S I R I U P T Y G U T A
E Y C O S T U M E D C E U D O E N S R T
N A P T E Y R I N O L Y O O E N I A S C
C O Y S A U D I E N C E M O I O S C I O
R N O D R A M A D S I A A W T I I R P C
R O U C E T D K E Y L I K Y P T T O S E
C I D T E M M R N T U R E L I A R T S E
T T T K N F O A O D R C U L R M E C E A
C C C I N T E C N R B I P O C I V E R E
O I N D E P E N D E N T R H S N D R T A
T F R E C U D O R P C R F E C A A I C C
A E D D N D L D M N O I T A T P A D A M
U C R O T N U T S H A A S D M E E A I S
R N A I O O R P E E E S T U O I N S S T
R E T I U W T P S I T B O T M M L E P I
A I T D U S Y E L F A N N O I I C Y O D
O C E A E T K L B L O C K B U S T E R E
A S C R E E N P L A Y G T O R C A T P R
C T C O E H D R S O A U I O R D I O O C
T P R A R D T I O T B R A I R E O T U I
```

movies

ACTION
ACTOR
ACTRESS
ADAPTATION
ADVERTISING
ANIMATION
AUDIENCE
BLOCKBUSTER
BOLLYWOOD
COMEDY

COSTUME
CREDITS
DIRECTOR
DRAMA
FAMILY
HOLLYWOOD
HORROR
INDEPENDENT
MAKEUP
MUSIC

PRODUCER
PROPS
SCIENCE FICTION
SCREENPLAY
SCRIPT
SET
STUNT
THEATER
TICKET
TRAILER

```
O A T P U N R C Y H S E T E O D D A R M
B E M C O I T R G T E E I L P R I C P O
B E A C O L R O D C C P B S E I V I P T
I G U B S N A Y O L D P N N N P E S N R
R A M U P I Y N E U E I I K C R R R U I
M U N D A T T A D B C E A R R O S L O I
E G T A I I A M O E E E T I R S I H E I
S N M P N B U R T O E D N P L Y T I A M
R A B E I S D E C T R Y U E O R Y S A E
E L N S H E P G S H G L O N O O S O T D
S T U T R G N I B H I A M I R T N P P I
P T B H I T R A I N P T R O P S S A P T
E E R N I M R U N B E I E I A I G R M E
I M U O R O E I B E S T O C K H O L M R
R P S E Q M O D G N I K D E T I N U M R
E E S U D A U S T R I A T N L U D E E A
O R E T U P S I D L S D T R O A R L T N
O A L G G N O I N U N A E P O R U E R E
I T S U S T E D I S C O T H E Q U E I A
T E B E R L I N W A L L U A L E P E C N
```

europe

ARCHITECTURE
AUSTRIA
BAROQUE
BERLIN WALL
BORDER
BRUSSELS
BUDAPEST
CONTINENT
DISCOTHEQUE
DISPUTE

DIVERSITY
EDINBURGH
EURO
EUROPEAN
  UNION
GERMANY
GREECE
HISTORY
ITALY
LANGUAGE
MEDITERRANEAN

METRIC
MOUNTAIN
OSLO
PASSPORT
POLAND
SPAIN
STOCKHOLM
TEMPERATE
TRAIN
UNITED
  KINGDOM

```
U S D C I O T A A N S T N M F R S A O O
O P F O N D U E P O T N E R G E R A D C
O D B A W U D R L I C A L R N N I G E E
C I C E C R E A M S C O O P A E L N S T
A E N I L O D N A M O L V R A P L W T R
R P H M O L E K L E U C H I N O I S E M
S N A C E V R D U T C H O V E N E B L A
H R N A O T E F I N K G N I R A P L L R
A L A T K B X A T O P A S W I C R E I E
T A P A S R I W A P O G L E O R I N K C
O U T P I N M S L M N U K V S S A D S I
I R E L H E D S U O F F M E E P A E T U
N E E A W J N E T P O R A N E G E R A J
E M H N F R A A A S L O W C O O K E R C
K A S A C E H W P I I O U U T W T D E S
E E L R E T F I S E E A O R O R X N S N
K T O N O P N N C L S O D K P R I A A O
U S E R O T A B L E S P O O N G S L N F
D O U B L E B O I L E R F T A R G O R J
N O O P S A E T O P K C O T S R N C T T
```

kitchen gear

BLENDER
CAN OPENER
CATAPLANA
CHINOIS
COLANDER
DOUBLE BOILER
DUTCH OVEN
FONDUE POT
GRATER
HAND MIXER

ICE CREAM
SCOOP
JUICER
LADLE
MANDOLINE
OVEN MITT
PARING KNIFE
SAUCEPAN
SHEET PAN
SIFTER

SKILLET
SLOW COOKER
SPATULA
STEAMER
STOCKPOT
TABLESPOON
TAGINE
TEASPOON
TONGS
WHISK
WOK

```
S O K E I D C N R L L N Y L P Y D U E M
S M N R M O S C O W K R E M L I N A O F
A U I Z I F F U T I T E A Q U A R I U M
N S A U E T V S H A N D R S I L E R B N
R E T R B R Y K E C A O N A R O C R O C
L E I O E U S T M D I M R B I E I L E R
A D R E T N E C E C N E I C S T S T T E
N O B O M E S Y T T O T O E I A N R D L
O R E D O K O T V N S A T S I A E A N K
I S T R A U R O P A H T H N N C R N A D
T A A A N P L A N E T A R I U M D R L R
A Y T G M Y I P O C I I O H N M L E S Y
N R T O T O H A E R M E C E D O I D I E
O G A T C I M O P O S U I A O F H O S S
Y R E L L A G L A N O I T A N E C M I H
K G T L N A T U R A L H I S T O R Y L D
O Y I S R P R R E P M E K H L N N O L O
T P A C E N T R E P O M P I D O U O E T
S H T H O L O C A U S T M E M O R I A L
I S S N I K T A N O S L E N I T H N R O
```

museums

AQUARIUM
ART
BRITISH
CENTRE
  POMPIDOU
CHILDREN'S
CORCORAN
DE YOUNG
ELLIS ISLAND
FIELD
GETTY

HOLOCAUST
  MEMORIAL
KEMPER
LOUVRE
MODERN ART
MOMA
MOSCOW KREMLIN
MUSEE D'ORSAY
NATIONAL
  GALLERY
NATURAL HISTORY

NELSON-ATKINS
PHILLIPS
PLANETARIUM
SCIENCE CENTER
SMITHSONIAN
TATE BRITAIN
TATE MODERN
THE MET
TOKYO NATIONAL
UFFIZI
VATICAN

```
O M M P A L E U C E Z L C L O O L I Y C
D I P S H L C Z L R V C O R E U R U N I
O V O W E R S L C N L E E E O C T S I N
O S O Y H T C Y A J A S R E C N E D A C
R L P C I D C P C U T M U S I C A L R N
M O C E O O W O E S N E C O E A B I F B
N O T C A I F P C S E M C M I U E T E T
M L T A R I R U I O M U C C M G R R R I
C N U C C O R B U N U C L A S S I C A L
E O N Z M P E M Y H R N U B Z L R L O C
B I E C H A C M D E T M T E U E E T E I
S T B R T R W I H I S T T R C J E E L R
T I A R Y V O I I I N O M O Y A Y I O Y
L S C U H O R T N I I I R B O Z A R C L
I O N A R C D C T S O D T N R Z L Y E A
R P R C L A S S K O U A C N R S D D W E
O M L F O L K C O R D R A H R R R U O P P
W O R L D R C A P R A A O T L L E L I E
T C O C S R E S O P M O C H O D C E U R
C Y N D T P O E O C S I D T C A P M O C
```

songs

ALBUM	FOLK	RECORD
BEAT	HARD ROCK	REFRAIN
BLUES	INSTRUMENTAL	RELIGIOUS
CADENCE	JAZZ	RHYME
CHORUS	LYRIC	RHYTHM
CLASSICAL	MELODY	TUNE
COMPACT DISC	MUSICAL	VERSE
COMPOSER	POP	VOCAL
COMPOSITION	RADIO	WORDS
COUNTRY	RAP	WORLD

```
P N A D M A T E E S D M D T T P G E M F
O I H I N D U I S M G R E A T W A L L B
I A K N A L I R S T Y I E N R S A H A S
I T R T I S C G P O E S R E E N B O H E
I N L P I I I A P P M O M P I O R Y R
F U S E N I P P I L I H P A C M I E M F
E O I L P U N S S R N E A L L N L Y H O
E M D R P I A D S O R N G T E L N N T R
T I C U A H O A I O M G N O A I A O J B
T N H P K R S N R A I U I V P I L M A I
K F C A D M B U D D H I S M B Y C E P D
U P G N I R U T C A F U N A M C S R A D
I T A A O I I D R M D N R P I M I E N E
P S I B E R I A D N N A I I L B S C I N
O E N E S P A C I F I C O C E A N A H C
M G A R D E N U A D S A R I E E I E C I
E R S E N O D E U A U M L O U S L T Y T
A A N L I A R A P P O P U L A T I O N Y
K L E N O O S L B U R M A N C I E N T M
U R A S K N E E K U L Y T S A N Y D L R
```

asia

ANCIENT
BUDDHISM
BURMA
CHINA
DYNASTY
EMPEROR
FORBIDDEN CITY
GARDEN
GREAT WALL
HINDUISM

INDIA
INDUS VALLEY
JAPAN
KOREA
LAOS
LARGEST
MANUFACTURING
MOUNTAIN
OLYMPICS
PACIFIC OCEAN

PHILIPPINES
POPULATION
SAUDI ARABIA
SHRINE
SIBERIA
SINGAPORE
SRI LANKA
SUMO
TEA CEREMONY

```
O N M V T O I Y Y E S P R A O N E L R V
K A S A E R S M N A N V N E V I N T Y I
O S C I H T I S H A H W L L H E Y I U V
H N O T F A R G E C O L A I F T S Y R K
B I E A I B A O R U S T I L A S I L B K
P O L L A N D E B O S V O N K R A N S U
O M H S H R E V E B E W A Y O E C Y O J
S I O W H B S D N R I O T G O V R D E L
Y R U B D A R B T A N N I O N L A D I R
K O V N E A L E S O I L S R T I E O R T
S U O R N L N L V L N N R V Z S S N I Y
V E I D H S U R E L A C F T L S E R H R
E R M R I R B N H N O E L U G O L K A T
O R A O N L R L G A D S L G R N L R L R
T J L D R A L L I D U E G E A A I A S U
S D R I E R O O W I I C H N H O S K N M
O I E E A K I A S T S T R N I A O A U C
D O R E A R I S M E A A S O D K N U V M
O R L A T I E A O C K S S V E L E E T S
O N E I D N K R N N I S E S H N E R I O
```

authors

ALLENDE
BRADBURY
CATHER
COELHO
DILLARD
DOSTOEVSKY
ELLISON
GRAFTON
HOSSEINI
JOYCE

KING
KINGSOLVER
KOONTZ
KRAKAUER
LAHIRI
LEHANE
MCMURTRY
MORRISON
POLLAN
RAND

ROBBINS
RUSHDIE
SEDARIS
SHREVE
SILVERSTEIN
STEELE
TAN
VONNEGUT
WALKER
WOLFE

```
E D S S O R U O C K I O I I U E P U O C
T F R T B U E O D T R U B I K S C U B E
M E E R Y T L U C I F F I D T N C O C N
U U S I C C D H H N H T M O K M R L A O
R D A V M D D P T A I O N I C R A I G I
K L E I R W I S N C O M P U T E R C P T
U E T A N G R A M E D R T O R M M N B U
R R N J E O O D D D G R U C R I D E T L
R N I D M U E T R K I D O K E T K P P O
D M A S U D O K U E M E H W A R W A G S
O U R O G N E W S P A P E R S K P M B N
O A B G I U E U U A R C N J M S H D M E
R U S E A L A I R O G O I I E E O A O J
B M O N B P A R A D O X L G U G T R F L
H A A M A Z E G T T T D N S O H O A C E
A H U E D I B E A B P T O A O L H R Z B
E J O R S O T D W O Y T J W R R U E A E
U O E R O B I I I I R O T I H Y N R O S
A N N K X H D G I E C D E D U C T I O N
P G D O O I J W O R D S E A R C H A I F
```

puzzles

BOOK	JUMBLE	PENCIL
BRAINTEASER	KAKURO	PHOTO HUNT
COMPUTER	LOGIC	RIDDLE
CROSSWORD	MAHJONG	RUBIK'S CUBE
CRYPTOGRAM	MATH	SOLUTION
DEDUCTION	MAZE	SUDOKU
DIFFICULTY	NEWSPAPER	TANGRAM
HIDATO	NURIKABE	TIMER
HITORI	ONLINE	TRIVIA
JIGSAW	PARADOX	WORD SEARCH

```
N A R M A Y A R E E N C S S D G E U N N
A C A E N R O O N I C A P M Y W H D R I
C S B A L E N E I M F Y T S W I L L I S
E T E S A N W I A L E S A L L E N S A S
G E B T A N G M C C N C O G O A W L M L
S K N W T O I O A I J C N H M V G F R A
I T S O O C B P N R D H O K N U A O R R
R G W O T R S P N R A S C E O L A R C E
F M T D M N O T F K C A E D N L M D T D
A G N S A H N M R E H O F F M A N D R F
A R K S O E O I E F A S C J O O E N S O
U A S O W M U N E S K O N A A N C O S R
T D N R O E E G M N S A W C I C N O X D
S A R U S S A A A T E H E R T A K I K L
L H Y S O C I H N I C H O L S O N S E J
P X R H S L K E N P U C H M I E H M O A
S M E M L A R H L N S I Y N O P M H E N
C I N I I O V C A E A A O H P O A D A E
E S W H G O J S D R C E P N N E P O K H
F L U A C A R R E Y K H L C O K N O W E
```

actors

BALE	FORD	NICHOLSON
CAGE	FREEMAN	PACINO
CAINE	GIBSON	PENN
CARREY	HACKMAN	PHOENIX
CONNERY	HANKS	REDFORD
COSTNER	HOFFMAN	RUSH
CUSACK	HOPKINS	SPACEY
DE NIRO	JACKSON	TRAVOLTA
DOUGLAS	LEMMON	WILLIAMS
EASTWOOD	NEWMAN	WILLIS

```
S K U G S G N U S A S L E N W G R S E S
I L P K I E S P H G E O D T E O S S T S
T L W I O I O I E M S W A M S A G I C Y
A L E C R O L L A G W O R K O U T M S C
T C I K T C I A R A R T O W E L H S M L
P N G B A A T T T T A T T N V A E E N U
I P H O R Y A E R E C L A E Y L O I R B
U I T X S W R S A G E W G T U B O R S G
K H S I C I Y I T G N H G D A G R O U P
Y S I N S I N N E T K L E S A E G L O S
B R A G S E V E N T E H K P T E N A H S
N E I N O T T E N A C E I S E O I C L E
O B N G S H A S S S T E A M H R G O R R
L M T G H A T W N B T M T T W A G T R P
C E Y C X L I L A T R I A T H L O N P H
A M E L T M S L A I L R C H W L J M A C
R A T C M A L E A E A L Y M A M E M H N
E D I I A J W T C M H E T O R C B T I E
T T N H I S S G N I L C Y C G T E I I B
E G A W I I E E L L I P T I C A L E R C
```

exercising

ATHLETIC	GYM	STAIRMASTER
BASKETBALL	HEALTH	SWEAT
BENCH PRESS	HEART RATE	SWIMMING
CALORIES	JOGGING	TENNIS
CLUB	KICKBOXING	TOWEL
CYCLING	MARATHON	TRIATHLON
ELLIPTICAL	MEMBERSHIP	WATER
EVENT	PILATES	WEIGHTS
GATORADE	SCHEDULE	WORKOUT
GROUP	SOLITARY	YOGA

```
U R A S D I N L N S I A I Y U O G E U S
C A E S S E C R U O S E R L A R U T A N
V R A I A I T O C S A V O N R M B A T O
R R K S E L B A G N E E R G F O E N N A
N B R I T I S H C O L U M B I A E I O E
F N E I L Y O U N G N L E O Y N R T T Q
R E M A R G A R E T A T W O O D C F N M
Y C A R C O M E D R S W S E I T N U O M
D N D N A L S I D R A W D E E C N I R P
M I N C S A T R E B L A I L L E O A O T
O V C Y N I A W T A I N A H S P R R T E
E O O E C O A S T A L V M Y O A T E U R
E R L K B A O B I L I N G U A L H V O R
S P A C N E W F O U N D L A N D A U I I
Y I R O F N U A U G N D K O T C M O R T
L H G H R G N Q E T T Q K A O N E C A O
N N E O E L B A W L E U A O O M R N T R
O H S I N I L T O T Y T A V P O I A N Y
N S B S C S L A E R T N O M G N C V O N
Y S E U H H L G I F A E L E L P A M N N
```

canada

ALBERTA
ANNE OF
   GREEN GABLES
BEER
BILINGUAL
BRITISH COLUMBIA
COASTAL
DEMOCRACY
ENGLISH
FRENCH
HOCKEY

LARGE
MAPLE LEAF
MARGARET
   ATWOOD
MONTREAL
MOUNTIES
NATURAL
   RESOURCES
NEIL YOUNG
NEWFOUNDLAND
NORTH AMERICA

NOVA SCOTIA
ONTARIO
PRINCE EDWARD
   ISLAND
PROVINCE
QUEBEC
SHANIA TWAIN
TERRITORY
TORONTO
VANCOUVER
YUKON

```
O O D V B O R O L I E M B O M M L T O U
W R U N N E R S W O R L D E L E E D E I
U K E E S S O U T H E R N L I V I N G O
K Y N A T I L O P O M S O C M S G W S G
I R N S I E P E E T H E Y U C O K A C O
W U E S L E E U Y E S L N O D O L T O M
E O R N O W G N A M K U V V Y O U G E O S
T G O P O O I L Y E S E B B C Q L S K U R
W R L O V O T R E W R S D K I L A S I R
I E L U F H T W E M A E Y I N S M R N T
Y E I L E L H E I D R O S T S O O I G I
N L N E P C K X N C E E F K R I U A L T
S Y G L U L A E L P M I S L A E R F I E
E T S O Y M I L A N E W S W E E K Y G P
T S T E E L W R L K E R W I I S N T H P
E N O I L K E V U T Y N U L U Q K I T A
I I N O M N E E T N E V E S T U I N E N
I Y E E T E M R U O G H O E A I Y A T O
C W E S K E O N G L L A L L U R E V E B
Q A H O M U I B D O M I N O U E R C I L
```

magazines

ALLURE
BON APPETIT
BUST
COOKING LIGHT
COSMOPOLITAN
DISCOVER
DOMINO
ESQUIRE
GLAMOUR
GOURMET

IN STYLE
IN TOUCH WEEKLY
LUCKY
MAXIM
MEN'S HEALTH
NEWSWEEK
PARENTS
PEOPLE
REAL SIMPLE
REDBOOK

ROLLING STONE
RUNNER'S WORLD
SELF
SEVENTEEN
SOUTHERN
  LIVING
TIME
US WEEKLY
VANITY FAIR
VOGUE
WIRED

```
O L T U T T T A L L A P S N K F I T N I
N A L S R A H E E E B H N E N B S K D E
W E E F E A O P V D E H O O O R A N G E
U G K S K E L E T O N T A Y M Y A T K C
J K T Y U M C C F E A S E D N E C R V S
H M U A B I V S N S U K O N G W D N M R
C A C G A O E Y A A M T A A U C C B G L
G R B L L G H M E T A C K C A L B A N O
E T C H B C T M M L C A R R R O R R O H
E R I P M A V U O N C E M U T S O C M N
K I A N I K P M U P L C A M S K O W T L
Y C L N N G S P F R I G H T O S M Y L D
R K C A L B H E Z E W I T C H A S I E C
G O B L I N N O R T N D A R G M T V O H
S R C M T V O E U I Z T R I S P I D E R
S T T N R E T N A L O K C A J L C I D M
Y R W I T S K U L L M R K J C S K N H F
A E E O N M I M O A B E R A U U E M N R
S A D O T N U G T E I S E N M Y L S E A
O T M N N I E T S N E K N A R F L A U K
```

halloween

BAT
BLACK
BLACK CAT
BROOMSTICK
CANDY
COSTUME
DEMON
DEVIL
DRACULA
FRANKENSTEIN

FRIGHT
GHOST
GHOUL
GOBLIN
HORROR
JACK-O'-LANTERN
MAGIC
MASK
MONSTER
MUMMY

ORANGE
OWL
PUMPKIN
SKELETON
SKULL
SPIDER
TRICK OR TREAT
VAMPIRE
WITCH
ZOMBIE

```
U I G M A R R I A G E U R N R E R E I A
T E U O G C I R D O I E H M E S A H R R
D E A T R N E N N E A E A U I A T S I L
U F R H D N I D I A N T D O S R R D A S
N E D E T E I L D S R S L S G B L S N O
T R I R H T H T B I U A I R A D A B L E
N U A I E T E G A I U O H H R A H N T U
M P N A E L A R O T S E C N A U C R D S
H A O R G G C F I O S T R D R G R E G A
E G I P I H S N O I T A L E R H A L D A
H R T O A U L Y U C T L Y K R T I A Y Y
R A A L A S O A L H E S I S T E R T G T
I N R E R U I E X T E N D E D R T I O R
E D E R N E F I W G D V L E E E A V L H
A P N G G R H U U R H R C O S O P E A R
I A E R I H R T E G R R I E U D E R E H
G R G L R A G D O R R G E L O R T L N H
N E P N R S T G E R F V U R P P S E E U
N N O R O R R R L E B R N N S O N T G C
E T P A R E N T C E U T A E V O L A A R
```

family

ANCESTOR
BROTHER
CHILD
COUSIN
DAUGHTER
EXTENDED
FATHER
GENEALOGY
GENERATION
GRANDPARENT

GUARDIAN
HUSBAND
KINDRED
LOVE
MARRIAGE
MATRIARCHAL
MOTHER
PARENT
PARTNER
PATRIARCHAL

RELATIONSHIP
RELATIVE
SIBLING
SISTER
SON
SPOUSE
UNCLE
WIFE
YOUNGER

```
I O S A A O E U U P S N T E E N U C E I
C Y D U G H W N W O G G N I N E V E E E
M A L O D A E E F H O N O R A R Y I P L
A L D E S I G N E R M C I E A L I I A I
G P I N A D R M L Y S N H D M Y O C R D
O N E F U A U E E R O C S C A U A A Y A
L E O V E G R A C A D S A A E E T Y S C
D E L R N T S R V T O R F R R S L S E N
E R E I S I R R A N O S E P I U E A O H
N C E N U R S O C E N R A E N I M N I C
S S E R T C A T E M S R A T T N T O W E
T N E C U N D C O U I L G L E A Y I H E
A N O N N T E A S C N G I E R O F T O P
T O O U I G C D E O T A T P V P H C L S
U A I O A N O I O D I V G R I C T U L S
E S T N E D N E P E D N I N E C R D Y D
P E Y A N I M A T I O N E S W I S O W O
I P G L A M O U R E O D E X U T O R O S
T S P E C I A L E F F E C T S A L P O N
S A D A P T A T I O N E I O M A L N D A
```

academy awards

ACTOR
ACTRESS
ADAPTATION
ANIMATION
COSTUME
DESIGNER
DIRECTOR
DOCUMENTARY
EVENING GOWN
FASHION

FILM
FOREIGN
GLAMOUR
GOLDEN STATUE
HOLLYWOOD
HONORARY
INDEPENDENTS
INTERVIEW
LEADING
OSCARS

PICTURE
PRODUCTION
RED CARPET
SCORE
SCREENPLAY
SPECIAL EFFECTS
SPEECH
STAR
TUXEDO
VISUAL

```
H S U R Y E R F F O E G R S I L A S I T
U A N O R E W K M A I N A M S A T O R G
G R P A Y O N E O A I K S M T N A W L O
H E A R T N A D A I R O T C I V O A U A
J R N T K A A B Y I H R T E B T O R U N
A Q E I O K O O C S E M A J H T R E P N
C K U O G C R W A N A D W A A E A D O A
K C O E E I A A R K K S I B G H G N L J
M A O L E L R D R O A O M L A C N U G O
A B E A L N R O E A L O O H E N A N F L
N T N A O O S R B L W E A K N A K W N A
E U R D E U U L N A A T N E A L H O N I
A O L I G S R U A A A I O M B B R D T P
O A A R I A H O C N A Q D A S E U A N U
L L O G N I D M T A D U A E I T U R L S
L C O M M O N W E A L T H A R A B M R R
H B L N U P L A T Y P U S A B C L A E A
N O U A R O P E R A H O U S E A I I A M
G M E L B O U R N E M J U H S T L E R S
D A F E E R R E I R R A B T A E R G E E
```

australia

ABORIGINE
ADELAIDE
BRISBANE
CANBERRA
CATE BLANCHETT
COMMONWEALTH
DINGO
DOWN UNDER
EMU
GEOFFREY RUSH

GOANNA
GREAT BARRIER
   REEF
HUGH JACKMAN
JAMES COOK
KANGAROO
KOALA
KOOKABURRA
MARSUPIAL
MELBOURNE

NAOMI WATTS
OPERA HOUSE
OUTBACK
PERTH
PLATYPUS
QUEENSLAND
SYDNEY
TASMANIA
VICTORIA
WALLAROO
WOMBAT

```
I E A D E B D M Z A A E L I P Y B A Y E
C I L O H T A C O M N D G C K T Z M N E
N D N I R G A D W G R O O S N R E I A R
Y L L A N M S C A A R N A R L I R N D M
N E A O E O S C M I N L R E Y M F O R F
W R L R S I L I S O L I I H R D A R A E
E I Z C E L E B R I T Y S T D L R I W N
A U R U L T H O N N G W K O C I A T A G
L G A U R E A A A O L A Y E D S N Y Y H
T A I E S C V L L N O Z B H O A D R M A
H M N T N A O O L P L O U T M B A E E I
Y Y M H T E T S A O L O S D O E W P D X
D R A E L N S L L G C H I V M L A O A E
R R N F E Y I A N L L K N R R L Y R C L
A E T I I O H E A D C N E I T A L T A S
S J C R L A D S R E D I S T U O E H T Y
O S L M C L U H O L M E S M I C G E U D
E B C I O L I T O P G U N E G N E E S G
A H I G S R E G O R I M I M G H N S E U
W L A S T S A M U R A I S L I L D N M S
```

tom cruise

ACADEMY
  AWARD
CATHOLIC
CELEBRITY
COLLATERAL
CONNOR
CRUZ
DYSLEXIA
FAR AND AWAY
GOLDEN GLOBE

GRIN
HOLMES
ISABELLA
JERRY MAGUIRE
KIDMAN
LAST SAMURAI
LEGEND
MAGNOLIA
MIMI ROGERS
MINORITY REPORT

RAIN MAN
RISKY BUSINESS
SCIENTOLOGY
SURI
THE FIRM
THE OTHERS
THE OUTSIDERS
TOMCAT
TOP GUN
VANILLA SKY
WEALTHY

```
B T E D S A E K O B S R H N O Y A I K L
F V A N D E R B I L T G H Y O N E E A G
T U I N N O R T H W E S T E R N N E M N
B A W T M N M D B A R N U E P A A P A T
D A I E O B O D U I A L O A L N O E S V
A E A B K O C E G K B B M U N A K N A N
T E T E M B S O B A E A T M B S Y N X G
R J I W R U E O R A R I R A R N O S E E
E O M O P C L A L N K N A J I T N Y T O
H H W I F L O O B P E W D E G H N L D R
M N P O G A Y C C O L L A R H K E V H G
L S N W B O S T O N E O L U A X C A P E
R H L A L S P O U W Y U S N M V I N N T
S O M L N O T G N I H S A W Y U R I R O
M P U R D U E T R S T A N F O R D A K W
O K N O R K S A S N A K L G U P M E H N
D I C I O H W I L L I A M A N D M A R Y
N N S B F N O C A M B R I D G E G N B A
W S R L X L U A E N O T E C N I R P A N
R I B N O T R E D A M E M T H U R N B E
```

colleges

BERKELEY	HARVARD	PURDUE
BOSTON	JOHNS HOPKINS	RICE
BRIGHAM YOUNG	KANSAS	STANFORD
BROWN	LOYOLA	TEXAS AM
CAMBRIDGE	MIT	TULANE
COLUMBIA	NORTHWESTERN	UCLA
CORNELL	NOTRE DAME	VANDERBILT
DARTMOUTH	OXFORD	WASHINGTON
DUKE	PENNSYLVANIA	WILLIAM AND
GEORGETOWN	PRINCETON	MARY
		YALE

```
E O I S B P A Z R Y A A M I M A D A O I
N A E I I N T G U I N E A G C B A D I W
A L C S I A C G G A B N S A I O L N T S
M C A W U M H I H A I P E W K T N A R O
S O M A L I A D N A W R A S A S I G B U
C O E Z M B D I C A N N E A A W I U O T
C I R I Q I I N N I I A M G Y A W W B H
A N O L B A A Z I G E E N A L N A O E A
A A O A N D A T E A I N A Z N A T C R F
C M N N E I U R L A M A D A G A S C A R
U I M D G O I A I B T T M Y I B C O I I
S Z I M B A B W E N I P O U G L G R D C
W M M I A A A I B I A Y Z D A C A O L A
B T J I I O M L A A A G A H O I L M I M
A D B C A P E V E R D E M H P Z A A B S
O B A N K B N M M G A M B O A N C L E D
N P W D D E O P A A U N I A W T I A R A
Y I A O A I N B A E V H Q Z A R L W I R
E A I A I L M Y A W T I U Z A M B I A A
C H T U N I S I A E N O E L A R R E I S
```

africa

ALGERIA	GUINEA	RWANDA
BOTSWANA	KENYA	SIERRA LEONE
CAMEROON	LIBERIA	SOMALIA
CAPE VERDE	MADAGASCAR	SOUTH AFRICA
CHAD	MALAWI	SWAZILAND
CONGO	MALI	TANZANIA
DJIBOUTI	MOROCCO	TUNISIA
EGYPT	MOZAMBIQUE	UGANDA
ETHIOPIA	NAMIBIA	ZAMBIA
GHANA	NIGERIA	ZIMBABWE

```
E O C R T E E W S O O F R T P O V H A T
R C C E L E C T R I C A L G V U E B S C
P O A I L N L E V E L T I L P S K A R A
F N B I D O O H R O B H G I E N O C O R
T D T F U R N I T U R E N S H A N K O P
W O L A G N U B T C T W O S T O R Y L E
H M G A P A V E P C I E E N E R E A F T
S I I N S U R A N C E T G T K S H R D T
C N M W F U O A O E A P I D U I S D O N
A I E C T H E R G T U H S O U Y A C O M
I U S G N I V A S E E P H N E B W A W O
U M S I N G L E F A M I L Y I H D B D R
B R T L A I L G T O R L N U A N G H R T
Y R R I C A V I F K G E V L M G R Y A G
S A R N E E N F C E H D Y D H B H P H A
R N I R B G E G N C T T S R C A I I I G
F C O N T R A C T H G A O D D D T N A E
M H D E M O V I N G T R U C K G G I G T
K F G C A N K E S U O H N W O T E I N R
L T A G T Y E U O S I A C H O O B T I N
```

first home

BACKYARD
BUDGET
BUNGALOW
CARPET
CONDOMINIUM
CONTRACT
DRYER
ELECTRICAL
FURNITURE
GARAGE

HARDWOOD
  FLOORS
HEATING
HOUSE
INSPECTION
INSURANCE
KITCHEN
MORTGAGE
MOVING TRUCK
NEIGHBORHOOD

OFFER
PLUMBING
RANCH
REAL ESTATE
SAVINGS
SINGLE FAMILY
SPLIT LEVEL
TILE
TOWNHOUSE
TWO STORY
WASHER

```
E O G E U E K N Y C N L B L E A D S S D
C D R E H P E H S N A M R E G U P J N T
N E O R E Z U A N H C S E A R R H A S R
W G U L W P O M E R A N I A N E E C A O
R R E E R O N Z B O N Y K S U H B K I T
Y E C I A O L I L D Y I E D A R M R N T
D Y N N L D E L A A H S A L I A P U T W
P H N A H L O L C O R G I T L I T S B E
A O I P R E M J K P R Y T A T O W S E I
S U O S B A A J L E H A M B K I W E R L
N N N W T U M B A E N U U S E R G L N E
J D A I O K U I B Y T L E L A A T L A R
I L A C O L L I E E L L L L S I O G R B
A N W O L P F N E W F O U N D L A N D T
N G O D P E E H S R E T T E S H S I R I
U I O R H W P I O E K A E P A S E H C E
D G A T L C A H T U A T E R R I E R L I
R B A S S E T H O U N D A A S H F A H M
D L L R O L L M S I E D E L A D E R I A
S O E A Y S M C H I H U A H U A R R U S
```

dogs

AIREDALE
BASSET HOUND
BLACK LAB
BRITTANY
BULLDOG
CHESAPEAKE
CHIHUAHUA
COLLIE
CORGI
DALMATIAN

GERMAN
   SHEPHERD
GREYHOUND
HUSKY
IRISH SETTER
JACK RUSSELL
MALAMUTE
NEWFOUNDLAND
PIT BULL
POMERANIAN

POODLE
PUG
ROTTWEILER
SAINT BERNARD
SCHNAUZER
SHEEPDOG
SPANIEL
TERRIER
WEIMARANER
WOLFHOUND
YELLOW LAB

```
E O D W B G L W T E S T B G E G S F U B
G C E I G O O W E I G O O B O H T W A J
L H N O T S E L R A H C O N G A F O O I
L I U L I N D Y H O P A I G N L O N C T
L I R L N C C T C G E A N S A M A A D T
I A B M A C D S A L S A T M T K O I F E
C R O O W L C F N T C K E E L R S O X R
B O N E O C H A C H A N R O J C X X E B
J G I J K I I O A E C B P O O T F S X U
G P A J E K C E N O R C R L R A A W C G
T L N O C A K E W A L K E O Y C N I G L
K A A A O B E L L Y D T T E A R D N A G
A C P A C E N C S B C E I F O A A G N D
M I G E H L C L O O L E V C N R N C E A
E L E C T R I C S L I D E O C P G O R W
H N A S Z S N L A E B A L L R O O M A T
T C C A A S O B O O B W L L A B E L C O
N K I E S B G W C N A E G I M G T N A T
T R S C O P P B T O W C C A P Z L N M D
O G W L C L O G G I N G M E B B E R M A
```

dances

BALLET
BALLROOM
BELLY
BOOGIE-WOOGIE
BOP
CAKEWALK
CANCAN
CHA-CHA
CHARLESTON
CHICKEN

CLOGGING
CONGA
DISCO
ELECTRIC SLIDE
FANDANGO
FLAMENCO
FOX-TROT
HULA
INTERPRETIVE
JIG

JITTERBUG
LINDY HOP
MACARENA
MAMBO
POLKA
SALSA
SWING
TANGO
TWO-STEP
WALTZ

```
E L Z E C L W T I Z V K A O I A I A I G
E T O R C H M O S T W R N B O B S L E D
G M D T R B E B T E O N T R A I N I N G
M E L T E R Y W C E R E M O N Y R A N N
I H O N G O O Y E K C O H Y A W N I E I
I T G Y M N A S T I C S C R N T L E N L
E N I E N Z H N A N G A C O N I I M A C
P A T H L E T E O Y A H L A A N N L I Y
M B Y G N I I K S I E H T S N S A E D C
L O H H K T E E H R T O N L R O M R S S
Y G L H E E I G Y A N K S E I E E A R A
C N R A N S E S I O Y I C A D F T I R L
E I S I L V E R P O L E V A U L T N N W
G T C C R S T E G I M D L E R I I I I G
I A L B S I F M S O T I M G N T O I N W
N K I N P D K M G G C L H S B O X I N G
A S A T O A L U O L N N P O N B C B G A
I E U B R O S S T T L I K N O N A C S S
N C M L T K C D V O L I R A E E T W G H
E I G A S W I M M I N G N R S A R T E G
```

olympics

ANTHEM	GREEK	SLALOM
ARCHERY	GYMNASTICS	SPORTS
ATHLETE	HOCKEY	SUMMER
BOBSLED	ICE SKATING	SWIMMING
BOXING	MEDAL	TORCH
BRONZE	POLE VAULT	TRACK
CANOEING	RINGS	TRAINING
CEREMONY	SAILING	TRIATHLON
CYCLING	SILVER	WEIGHTLIFTING
GOLD	SKIING	WINTER

```
A P A I E R E G O L A R E O K I L E E E
E D E N T I S T S I L A N R U O J R P Y
C E O S I T N A T N U O C C A O H W G H
O E Z O O K E E P E R P R A P R R R P T
A T N C N T E G L A W Y E R S E E A N R
P J I I N T E R P R E T E R Y L K I P E
R R N A I C I T I L O P N R C I N J H C
I E A L G N R E T I A C I D H M A N O I
A U Y W H N S R S N C I G K O T B G T F
N I A O U N C H I T T T N E L C A E O F
A A C R I C I R E K A M E M O H O T G O
O S S K H U E P F I R E F I G H T E R E
L E A E O L N R R E T E I I I T R L A C
A W F R L A T E E D I T O R S O A H P I
I T A A E C I T T L S I P D T L R T H L
N O B C Y O S I N E R U A A L I A A E O
N A I C I R T A I D E P C C F P C I R P
K S A T C O L W A N M U S I C I A N A O
C A C T O R E T P L D L A G E L A R A P
A I O O C C I F C E O L C K K T S T A I
```

careers

ACCOUNTANT
ACTOR
ATHLETE
BALLERINA
BANKER
CHEF
CLERGY
DENTIST
EDITOR
EDUCATOR

ENGINEER
FIREFIGHTER
HOMEMAKER
INTERPRETER
JOURNALIST
LAWYER
MUSICIAN
NURSE
PAINTER
PARALEGAL

PEDIATRICIAN
PHOTOGRAPHER
PILOT
POLICE OFFICER
POLITICIAN
PSYCHOLOGIST
SCIENTIST
SOCIAL WORKER
WAITER
ZOOKEEPER

```
N R A V N S T A N E N S R I N A G A E R
S O N O N R P E E A R T H Q U A K E E D
P E S O R L E M U E S U M R U L H T I M
T S X D S U E I M X T O S N R V N D L L
O I T N U O M A R A P R W I F E B N O S
N E D A N E M O R P E O L Y C W A N W A
A G O M S O G D N G T N C Y O U G A A N
R I A L E B I B D A X V T E T B N L R T
T I R O T D O O N P E T K A E E V O N A
D D O S S E D I S N E Y L A N D A R E M
P O N I T S H L I G L U C E U K O L R O
R O D E R C I C M I S H O P P I N G B N
D W U N I V E R S A L S T U D I O S R I
T Y A T P B Q I D L M D O S O S C A O C
U L U R E S T A U R A N T D A B I S T A
K L C A L I F O R N I A U O N S F E H A
H O C P W L E B O A R D W A L K I D E A
L H O B E A C H E S S R E K A L C L R O
T U S L L I H Y L R E V E B O L A R S W
E A R O D E O D R I V E N E R O P S R O
```

los angeles

BEACHES
BEL AIR
BEVERLY HILLS
BOARDWALK
CALIFORNIA
CHINATOWN
DISNEYLAND
DODGERS
EARTHQUAKE
GETTY CENTER

HOLLYWOOD
LAKERS
LONG BEACH
MELROSE
MUSEUM
NIXON
PACIFIC
PARAMOUNT
PROMENADE
REAGAN
RESTAURANT

RODEO DRIVE
SANTA MONICA
SHOPPING
SMOG
STARS
SUNSET STRIP
UNIVERSAL
  STUDIOS
VENICE BEACH
WARNER
  BROTHERS

```
M T L S A D K I R D M A R E R T P M C T
O S O J A C A E G U L F O F M E X I C O
V N E C J A T S G T V O O D O O N E N E
A A B I R C R U O Y A B U G L S F E I N
U K B E A A I O L D A M E I T I E N E O
U R R C A R N I V A L U B R S K P O R B
T T A G O D A P R L N G E E A I P A E R
A A S F R E N C H C D E E G Y N A N T I
U Y S T A R R E A Y T B L P F G R N R N
I A B F E Q E S C C I U O R A C A B A O
D L A A T H B A A K N K E A T A D U U I
A A N R L S U R E O L A R L T K E G Q T
A B D M N I I A N U J A C I U E A A H A
E M Y S B N L G L Y M F C N E N C A C T
E A S T J A D T E O F M D E S L I R N N
S J A R A P I I C A Y I O C D E L E E A
R L E O Z S N M L C D O A C A N O O R L
N R G N Z D G E O C S B L E Y I A M F P
C L I G C J C R E S C E N T C I T Y S N
P L B I S O A S A R G I D R A M C I H S
```

new orleans

ARMSTRONG
BAYOU
BEAD NECKLACE
BIG EASY
BRASS BAND
CAJUN
CARNIVAL
CREOLE
CRESCENT CITY
FAT TUESDAY

FRENCH
FRENCH QUARTER
GULF OF MEXICO
GUMBO
JAMBALAYA
JAZZ
KATRINA
KING CAKE
LOUISIANA
LOYOLA

MARDI GRAS
PARADE
PLANTATION
PRALINE
RAGTIME
REBUILDING
SPANISH
STREETCAR
TULANE
VOODOO

```
R E M I V C C E R T A I T E B C O L U K
A E O O P V U B L U E J E A N S T O U R
O R R T E R R T B E Y N S P S D J D E O
O Y L L A R E V O O F T C D I A A L N L
O I K Y O B W O C I F S A I O N K O A A
R M I O T S A N D A I S Y D U K E T W S
E I R L K S R C L G U D S T U C T O O B
M M T I P U E Y N I C A L I F O R N I A
M I N C W A T E V I R R E P P O C S U A
S N N B R R R S R A A V S N A N D O R O
Y A C E S T A D N A R B Y K C U L L F E
I R A L R S R N A I G L D P S S E U G L
P E R L U I I I G L R N I C S A E G E E
E S P B R V W N A L J W U U N E N S S V
S Z E O E E T V D V E O R D G A E A I N
E O N T O L U E J I A R S D Z I P P E R
I T T T E K C O P R G N O U D L B V I J
K E E O R M C I E C L O W R I D E R L E
S I R M S S A H S A W E N O T S E C B R
```

denim

BELL-BOTTOM
BLUE JEANS
BOOTCUT
CALIFORNIA
CARPENTER
COPPER RIVET
COWBOY
CUTOFFS
DAISY DUKE
DESIGNER

DIESEL
DUNGAREES
GUESS
INDIGO
JACKET
JEAN
LEE
LEVI STRAUSS
LOW RIDER
LUCKY BRAND

MINER
OVERALL
POCKET
SAILOR
SEVEN
SKINNY
SKIRT
STONEWASH
WRANGLER
ZIPPER

```
O H B I L L F I T E N A A L E C D O W A
S E K A L T L A S T A E R G A P S T N W
A A S N A G I G T E S P I S O E U S M I
S T E O O F I T L D T H C E R A P I E L
T E A I D P S W G I S C I D A R O H D E
I E W R A A T N P A C I F I C Y T R I W
U H E A N I E L H P D T H I A : C A T O
U A E L N E E N S N O N U B O M O A E R
C E D O K N S W I D L A L L E C S R R A
R C T B E F H H F R P L B E A C H K R I
R I I S P A S R R N H T S S G U L F A A
E E U T L B H D A A I A P I E R G A N M
A E A E C A H I T I N I F O L R G K E A
T F N R K R A H S D A G S P E E L G A R
D A R E A C A O D N N E T R D N S T N I
A U H T T L L O A I D A S O U T H E R N
I I R A G A L I H S L F N P H I R N E E
G E I W B L E S L N N I L E K R I R E C
T A P S A L I N E T H S I L T O M E R R
T R D R S F S H N I E H I D N R P C A N
```

ocean

ARAL	FISHING	SALINE
ARCTIC	GREAT SALT LAKE	SAND DOLLAR
ATLANTIC	GULF	SEA
BAY	INDIAN	SEAWEED
BEACH	LOBSTER	SHARK
CASPIAN	MARINE	SHRIMP
CRAB	MEDITERRANEAN	SOUTHERN
CURRENT	OCTOPUS	STARFISH
DOLPHIN	PACIFIC	WATER
FISH	PORPOISE	WHALE

```
N N R L E A O L E T S O L T B O N W B R
N R E I I Y A R Y T I N R E T A M W B A
E Y P L I B A T H O T C M E F O R R N T
C L A S T I C A B L L W A E B Y K E R Y
A F I L U T I N R W B R E I S I B R T M
E L D C P R A N A F B T L L U L P R C R
N U R S E R Y R H Y M E H N R A I A E O
N A R Y D E C B E N R B N E N R R E L I
E D Y O B A S S I N E T S W I E M B E A
T O K T C F E N L R L I E B P I T Y N L
A K C D Y K R A R E L D I O O F F D B U
L E U F B T I Y O C O C S R T I T D R M
B S D E O U Y N O R R T E N L C F E O R
O R R P N I B S G D T F N B N A C T E O
E E E Y N Y A G B C S S O T T P H E B F
B M B H E R L B B T H O B H R E P K A O
L I B O T T L E S T T A E S R A C N I H
F R U N L A U B E I R R I C I N F A N T
E I R Y S S L E E P I S U R I O B L B U
T K N L U F O S L T B E R Y R A I B Y P
```

babies

BASSINET	DIAPER	ONESIES
BATH	FATHER	PACIFIER
BIRTH	FORMULA	PLAY
BLANKET	INFANT	RATTLE
BONNET	LULLABY	ROCKING CHAIR
BOOTIES	MATERNITY	RUBBER DUCKY
BOTTLE	MOBILE	SLEEP
CAR SEAT	MOTHER	STROLLER
CRAWL	NEWBORN	TEDDY BEAR
CRY	NURSERY RHYME	TOYS

```
A N T I A Y H C I S U M F O D N U O S R
A M S B S E L D D A S G N I Z A L B U N
N G I F A R G O C I T I Z E N K A N E Z
W C U N T O M L A K I N G K O N G O D M
A W O Z B S I I F C I N D E R E L L A A
A E L T S I L S R E L D N I H C S A M R
A S T P P R R C A S A B L A N C A W A Y
R T S C M A R D R Y P A R T T N E R A P
O S N E O P R M S H A N E P I N I E F O
P I I U C N A F R I C A N Q U E E N E P
A D E S K I G O E G L N I H G M S C N P
U E M T I N I R C E A N E R R Y R E S I
P S T A N A N R A A E I N Z E F A O V N
Y T E R G C G E F D S E N B H A E F E S
O O E W B I B S Y I U H M P T I A A R S
I R M A I R U T N D R A S N A R V R T G
S Y M R R E L G N N K L T S F L R A I R
I I L S D M L U U R N L P E D A L B G A
A I S E N A S M F O M D I N O D G I O O
E P S Y C H O P U R A M I A G Y F A G D
```

classic movies

AFRICAN QUEEN
AMADEUS
AMERICAN IN PARIS
ANNIE HALL
BIRDS
BLAZING SADDLES
CASABLANCA
CINDERELLA
CITIZEN KANE
FARGO

FORREST GUMP
FUNNY FACE
GODFATHER
GRADUATE
KING KONG
LAWRENCE OF
    ARABIA
MARY POPPINS
MEET ME IN
    ST. LOUIS
MOCKINGBIRD

MY FAIR LADY
PARENT TRAP
PSYCHO
RAGING BULL
SCHINDLER'S LIST
SHANE
SOUND OF MUSIC
STAR WARS
VERTIGO
WEST SIDE STORY
ZHIVAGO

```
O N C E N O H G I H B X N R N P A O N A
O A C O F E F Y E O A U G A U C O T D G
S E H G U H N O T S G N A L O I D A R N
W G A R T D E C O A Z A O O O E D L Y I
I S R G O C B A S E B A L L L G A K R D
N I L E Y O T D R C I I I I G L O I A L
G W E G A R F F U S D Z B L S H A E Y I
A E S G W T R E L G R O P A F L M S S U
C L T I G M G A E A M L G O O T T T P B
P R O H N O G A G O P S E T X I H I E R
T I N R I O C I T T W P O L T U R G A E
L A N H M N I U A S I C E P R S D C K L
N L G G E S A S A I B M A R O T T S E S
G C E R H H T B I R B Y E A T O O E A Y
A N U E B I R O R V A S L I S O R O S R
R I I B E N T I E U E E G A Z Z A J Y H
M S A D H E A W C N R L I N D Y H O P C
O S L N R I D H H T U R E B A B R E O H
S N O I B A P R O H I B I T I O N E H G
T N I I P A H C E I L R A H C B L S I I
```

roaring '20s

ART DECO
AUTOMOBILE
BABE RUTH
BASEBALL
CHARLESTON
CHARLIE CHAPLIN
CHRYSLER BUILDING
COOLIDGE
DADA
FLAPPER

FOX-TROT
GREAT GATSBY
HARDING
HEMINGWAY
JAZZ AGE
LANGSTON
    HUGHES
LINDBERGH
LINDY HOP
MOONSHINE

PROHIBITION
RADIO
RAGTIME
SINCLAIR LEWIS
SPEAKEASY
SUFFRAGE
SWING
TALKIES
TELEVISION
URBAN
ZOOT SUIT

```
R L L U W H M C N Y N A S D N O O E N P
E C E N U O C W O R R A B L E E H W T N
T E R E E C A A C E E R R C I P D U N S
Y S R O R L W R R B S W N R E O L A F L
W C E L R P U E I M C E O S E I S F H Y
R E R T L U C E R U L N N L P W F E G S
T H L I S P A D E C L F R O F F P R E I
Y Z N S N U S H A U H O D H D U E T W A
E N D O S S M H N C F E R S E E D I D D
E E N H E P H R A O E S R E N S N L L T
W E M U L C H E O G R H P H E D E I R U
O E D A S N N N A W N R O L O R I Z E G
W R N T O U N I S R L U T W R A S E L P
A T U H R O L A R H S B B B Z H S R N U
A A H P O O P T E E D O A W O C T A A A
M G I U F C D N L E X O L V P R O G R R
C F E T C R Z O F R M A E C L O M E I L
U P N P N I R C L E L L O E R C A W H D
D E Y O A I O S L I B T X B U S T R X L
L M A E G N A R D Y H A I L W E O H N A
```

gardening

CONTAINER
CUCUMBER
DAISY
DIG
FERN
FERTILIZER
FLOWER
FOLIAGE
GREENHOUSE
HOE

HYDRANGEA
LAWN
MULCH
ORCHARD
PLANT
PRUNE
SEED
SHADE
SHEARS
SHOVEL

SHRUB
SOIL
SPADE
SUNNY
TOMATO
TREE
TULIP
WHEELBARROW
WINDOW BOX
WORM

```
C C P E G L S S U D I J L E L H R H E C
T L L V O B E E O E W A H L B E R G K Y
I L I B G N S O E L S B G N Y R M S E U
S E D R N A W A S H I N G T O N E I H C
A I T E P S D L O N Y E R G V Y R O S F
T E I H P N E G K C E L F F A E E L T G
S F M C T P E S P K G I A R C L T C Y Y
S N B T H D U U O H N I B O M S E E A L
I S E U Y M L O W I I Y U I I I J S N L
N D R K R N A T N E T L B S I A C M D E
A H L M M F R A M V S L L C H P I A O N
R M A L A R I A C E M T H I L E M R H H
M R K P S I H O U T I R T U P O R T N A
L P E M B K N D C H T E C D N P O I N A
I O H L C S S W R E H I E L T N E N E L
N W G E U H S E U G A N P D E M P S E Y
B Y B E T T O I I L T E N L W G D R R Y
H B L O O M H E S M L R T M N O N A O E
I O B G N Y G U E P P G J E O J E I P M
S R E E F O L C I H I M D W S E I S U E
```

sexy men

AFFLECK
BECKHAM
BLOOM
BONO
CLOONEY
CONSUELOS
CRAIG
CRUISE
DAMON
DEMPSEY

DEPP
FIENNES
GRENIER
GYLLENHAAL
JETER
KUTCHER
MARTIN
MCAVOY
PAISLEY
PHILLIPPE

PITT
REYNOLDS
SMITH
STING
TIMBERLAKE
USHER
WAHLBERG
WASHINGTON
WEST
WOODS

```
T E E S K R C U T T B R N H B N H S L K
A J E L L Y B E A N U H R E B X S T J R
K I B S R E E T E K S U M E E R H T S E
A R U K S R R W I J B D I O H E J A C H
O E J Y O E C A H C N U R C W O B C B C
E Y U E O L H H E O J M B E O T I U L N
I A J P O P W O L B P U E B N T D C S A
A S R K I T K A T R Y P N Y L W T W L R
T S R U B R A T S T S M E I Y E E I H Y
P S R E K A E R B W A J M R O D G A D L
W D I S K I T T L E J M W U I R E U S L
O C T J E C N E L T M T A S G K M T M O
P L L O R E I S T O O T H L N S O I S J
L S U X I W T N E L J F H D E U R R N E
O M I P I X I E S T I X N R U S A C I T
X L O R E P P O T S B O G O K M G U K R
B E T A L O C O H C H T U R Y B A B S N
P Y T U H E R S H E Y S K I S S R B B D
P S A P A L M O N D J O Y A W Y K L I M
E T R E E S E S W E E T T A R T H T A T
```

candy

ALMOND JOY
BABY RUTH
BLOW POP
BUBBLE GUM
CHOCOLATE
CRUNCH
GOBSTOPPER
GUMMY BEAR
HERSHEY'S KISS
HOT TAMALES

JAWBREAKERS
JELLY BEAN
JOLLY RANCHER
JUJUBEE
JUNIOR MINT
KIT KAT
MARS
MILKY WAY
NERDS
PIXIE STIX

REESE'S
SKITTLE
SNICKERS
STARBURST
SWEDISH FISH
SWEET TART
THREE
  MUSKETEERS
TOOTSIE ROLL
TWIX
WHOPPER

```
O T D D Y B O M O U N T M C K I N L E Y
O A R C T I C C I R C L E S R A T U G A
N R E R B T E L N I K O O C A M O A L T
T D R R R Y G L A C I E R R L T N S D A
A N E E I S M N D G I K I H C A E F O E
R U V R S A R I P N S N O W E K M A R A
N T I R T M T U E L A E A C K N T A A U
E R R C O R N G A N C H O R A G E R T W
W D N P L O N M I I L C N B L R G O I A
G Y O C B G N I H S I F G A O U R C D E
I S K N A B R I A F R N L R P M O A I L
N P U A Y U G R I L B N A R O A F R K U
Y E Y N O R F C R R R L I O M G T I A T
M T I U R Y A U O R O S P W S F T B D S
M R O R I P N W A Y P E R M A F R O S T
T O A E S G N I R E B W A A R E G U A U
G L E A I B F O T K N K Y R T S E R O F
A E N N E S O O M B C U T A L Y E S K A
E U S A L M O N L N C K J E A O D R E R
P M R A K L R N R A T V D O B N M I R C
```

alaska

ALEUT
ALYESKA
ANCHORAGE
ARCTIC CIRCLE
BARROW
BERING SEA
BRISTOL BAY
BROWN BEAR
CARIBOU
COOK INLET

DOGSLED
FAIRBANKS
FISHING
FORESTRY
FORGET-ME-NOT
GLACIER
IDITAROD
JUNEAU
KATMAI
LAKE CLARK

MOOSE
MOUNT MCKINLEY
PACIFIC OCEAN
PANHANDLE
PERMAFROST
PETROLEUM
SALMON
SNOW
TUNDRA
YUKON RIVER

```
A S E K E T L F E M E A R A Z L O S M E
I A E L E Y E S D N I L C S L C R E A A
M S I L I E Y M E O A E L N E E S E A L
S K I L A Y L R E S I G R M R O A A A A
L A N E T S I R K I E Y E K A R L M S R
A R A B A I M E E L E T I M A R T M R E
B E Y K R S E I T A K S C Y E S L E K E
C N I N T A R A A C E G E C T E O I K Y
L M B R A B B Y N I H T E B A Z I L E E
E M I S E E I E J R L E I Y E N T I H W
N A A M E L A N I E I R R A C J N M Y A
A A V D H L A K A N N T M E I K C A J A
T R C K E A A V S Y A N N A E R E R A K
N A S C R L N A S L I H I A C N N I E C
C C E A E S I T I O A O P F C H M E N A
R A H S E B Y N L R E S O E E E I E T K
A K M A L N E A E A Y M A M T R I A C E
L D A R T E E R M C E E E Y R S A I T E
S R Y A I A H E A E B N A I I D A E Y E
K C O H I Y A C T K C E N A A N E Y R Z
```

female names

ABBY	ERICA	MARIE
ALISON	ISABELLA	MEGAN
ANNA	JACKIE	MELANIE
CARA	JENNIFER	MELISSA
CAROLYN	KAREN	REBECCA
CARRIE	KATIE	SARAH
CHELSEA	KELSEY	STEPHANIE
ELIZABETH	KRISTEN	TARA
EMILY	LINDSEY	VALERIE
EMMA	MADELINE	WHITNEY

```
Y U A A K P O E R K R C R I S L P U W O
R E C M E L B A G K R A L C O S S O T L
B A N O M A R G A R E T M I T C H E L L
Z Y A V N S O U T H E R N B E L L E E N
E N O I T C U R T S N O C E R M O R M C
E A N E E U Q C M Y L F R E T T U B E A
M I R U D E T L L A C U R T A I N S A C
Y I H T U O S D L O A H A L H Y L L R G
F A A L R C C H R A W L I V I C I S L T
E R N O I T A T N A L P T T A Y M M A M
A E O K A S R H E T T B U T L E R N M W
R E V S E K L I W Y E L H S A E K T O T
S D E L D E E M E E N C L A S S I C E F
Z D L H I S T O R Y A T N A L T A C L D
Y A R A H O T L L D Y N E L L E N A S L
R K H G I E L N E I V I V R M A L W R A
I Z L S L O V E A F F A I R M T T A R R
Y N N S O L L Y E R A L Y O I O T U A E
Y S S I R P U L I T Z E R P R I Z E E G
T M F O D R A W A Y M E D A C A I W S R
```

gone with the wind

ACADEMY
  AWARD
ASHLEY WILKES
ATLANTA
BUTTERFLY
  MCQUEEN
CIVIL WAR
CLARK GABLE
CLASSIC
CURTAINS

ELLEN
FIRE
GERALD
HISTORY
LOVE AFFAIR
MAMMY
MARGARET
  MITCHELL
MOVIE
NOVEL
OLD SOUTH

O'HARA
PLANTATION
PRISSY
PULITZER PRIZE
RECONSTRUCTION
RHETT BUTLER
ROMANCE
SCARLETT
SOUTHERN BELLE
TARA
VIVIEN LEIGH
YANKEE

```
W R R U R I W U H E L R T S Y K E N U E
N E L N E N A V T E H S U B E G R O E G
E T F C T K T R I M A T O N O R L R A V
G O B O R H E B C C D L N H K B H C L A
N O I E A E K R A I G E A W R W A H D N
G C Z H C N D G R E D V M C E U F M C N
R V R E I H U O O Y G E U T A N U U A J
D I N E V L U E G I U S R L Y Y K W L E
A R C L H A L R T E S O T O E I U W D F
R T B M I C H A C L O O D N G L D W E F
T I E H C N T C R H M R E S N O A H R E
N D L E H C M A I Y I H G O U R A E O R
R I O R T S A C H A C L S E D N A S N S
R O P U T I N I L T E L L S W L L E Y O
N C A P N H D B N R I R I H O B L A H N
O T B L A H E A N W G H A N D I U C O W
A N O T N I L C L L I B E I T C B S O E
B A G L U W A O V E H C A B R O G Y H T
H R N A N A N R C A E H E K H I N U D N
N G L I N C O L N O T G N I H S A W I A
```

politicians

BILL CLINTON
BLAIR
CALDERON
CARTER
CASTRO
CHAVEZ
CHENEY
CHURCHILL
EDWARDS
FUKUDA

GEORGE BUSH
GEORGE W. BUSH
GHANDI
GORBACHEV
GORE
GRANT
HILLARY CLINTON
JEFFERSON
KENNEDY
KERRY

LINCOLN
MANDELA
MCCAIN
OBAMA
PUTIN
ROOSEVELT
THATCHER
TRUMAN
WASHINGTON
WILSON

```
R A E F S P E E I R U R M M M U L I R I
F S I L S A N A R E T H G I N L L A E M
A H E E E E E O L T S D S D N T K N U B
R E N L D S S E N I S U B R U O R U O Y
A G E E T A U D A R G R E D N U R O D T
L O R U R R R S A Y L F R A N R E R U I
T N E M E R I U Q E R E E I O A B E S N
R E N G I N E E R I N G V E I I S E T R
R G A R L F M A G I S E A F T R E P R E
R E P A P M R E T N R I E R A E S E A T
R O A M E A R R R S T V T E C T S D L A
M A E L I A A O I Y A N E S U E A O A R
N R D D T F S T T W E E M H D F L R R F
L R A O E S Y I O M T L G M E A C E E I
A S R T E G R R D A R R N A U C S S B R
P P G F I O C O U X T E I N C A L A I O
T O O N R I R D E E I R D N S D N D L A
O R O O M M A T E E R R A A E O A R L A
P T S O Y R I M N R Y O E A T M A U T M
R S E U G M N S R B F N R O J A M H Q C
```

going to college

ALL-NIGHTER
BUNK
BUSINESS
CAFETERIA
CLASSES
DORM
EDUCATION
ENGINEERING
EXAM
FRATERNITY

FRESHMAN
GRADE
GRADUATE
LAPTOP
LAUNDRY
LIBERAL ARTS
MAJOR
MICROWAVE
MINOR
PROFESSOR

QUAD
READING
REFRIGERATOR
REQUIREMENT
ROOMMATE
SORORITY
SPORTS
TERM PAPER
UNDERGRADUATE
UNIVERSITY

```
E A T A A B I R I L S L D N N P C F F A
T D Y D A L R I A F Y M A T H P E E H N
U Y A S F L C C H I L D R E N S A I D E
D T B O D R A W A Y M E D A C A S S G L
A S T A L F T E L L A B N R R T R C I T
A S C I T R O M A N H O L I D A Y G V T
R R O R T U A R U L F U N N Y F A C E I
F L K C E P N N A E Y A R G L E B L N L
A C T R E S S Y C S S T O C I O E A C O
S I N I A S T I M F A L T T G G S P H O
R A A N T U N H B H O B A A A T I R Y D
C K B O A U R C K M O Y R N A L D I I Y
N B R E A K F A S T A T T I F F A N Y S
A Y B C D H I F E R R E R K N T S C E I
D A A T S O U T H A M E R I C A F E T T
U R A L I T T L E B L A C K D R E S S R
B F B S L W W T R A L A C I R F A S W U
C S A Y L T H G I L O G Y L L O H O E T
E D T F A S H I O N A N I R E L L A B R
B R O D A S S A B M A L L I W D O O G C
```

audrey hepburn

ACADEMY AWARD
ACTRESS
AFRICA
ASTAIRE
BALLERINA
BALLET FLATS
BEAUTY
BOGART
BREAKFAST AT
   TIFFANY'S

CHILDREN'S AID
DOOLITTLE
DOTTI
ELEGANT
FASHION
FERRER
FUNNY FACE
GIGI
GIVENCHY
GOODWILL
   AMBASSADOR

GRANT
HOLLY GOLIGHTLY
LITTLE BLACK DRESS
MY FAIR LADY
NUN'S STORY
PECK
PRINCESS
ROMAN HOLIDAY
SABRINA
SOUTH AMERICA
UNICEF

```
H N L S M T B O G O T A N D E S C A A J
O C A A A C A C I T I T E K A L U B A M
A U N A C C O T E N A A A A C L S U R A
R O G R H C N R A Z S A C A R A C E S O
I R C A U L R I A L R H E Q I F O N C K
G I C N P I C O N T I N E N T L H O U E
E E R A I D A A A L E U Z E N E V S R B
N N T C C C R A E P P A E J A G U A R A
N A A O C U S T V R I G T C T N V I E N
A J R N H D N A L S I R E T S A E R N L
B E N D U A U E A I O E A H N A A E T R
A D A A I Q C S O A M G S N N Y Q S A A
A O U T L U N N E A E A A A H I R V S I
N I T A A E B A C G S L O I Z A I A A R
N R A D M C R Y O M A A P L T L E S O C
E A O U A H A A A A U P A R O N E T A O
A R M A Z U Z M T O P A U B E L A O Y G
O V E R O A I N A A T G L S A U C S A K
A A I L N A L H A L S O O S Q U N O A R
A U A A T A S G C S L S U E A I E A M I
```

south america

AMAZON
ANACONDA
ANDES
ANGEL FALLS
ATACAMA
BOGOTA
BOLIVAR
BRAZIL
BUENOS AIRES
CARACAS

CHILE
CONTINENT
CUSCO
EASTER ISLAND
ECUADOR
EQUATOR
GALAPAGOS
INCAS
JAGUAR
LAKE TITICACA

LIMA
LLAMA
MACHU PICCHU
MAYANS
PIRANHA
QUECHUA
RIO DE JANEIRO
SANTIAGO
SAO PAULO
VENEZUELA

```
M C M D K F N G E D I A D E D S F B Q W
E T D E A L A U N R S P M E K E J L P M
D E S D O T T O R E K O J S F D U A S U
L O O I B K M T S C E G A B B I R C C A
O G E U H A E E A O B U E E D A E K E K
H C M H I W E L O G L U Q E E M G J A A
S P A D E G C Y H U E I L T P D A A N R
A U E Y D A A G R E H M T C R L H C K I
X U N I M F R E K O P P D A G O E K A E
E A R I N M E T R I M U W S I B A E P A
T B E L E N U G B E N E U D T R A S L O
O C O U R K G R L O M G M C G R E D D O
T H M A Z A O F N I M U D P A E U U E E
D D L W U A F E O I E K O E B R E M E B
G E E R E U I R U L G B X U I T P U P D
U R T X H K S U I D A D S E C H C K S S
H L A S H I H E E D M E A Z M H E E M B
J E P B M C S M E F U D A P R A P R F I
B R E M I W R P G E C Z C E S F M J H I
I I S C C R A Z Y E I G H T S R E B L E
```

playing cards

ACE
BLACKJACK
BRIDGE
CLUB
CRAZY EIGHTS
CRIBBAGE
DEAL
DEUCE
DIAMOND
EUCHRE

GIN RUMMY
GO FISH
HEART
JACK
JOKER
KEMPS
KING
MEMORY
OLD MAID
POKER

QUEEN
SHUFFLE
SOLITAIRE
SPADE
SPEED
TEXAS HOLD'EM
TRUMPS
UNO
WAR
WHIST

```
T E W B E W T C K K M H S E U O B E T B
C E W D I E E N Y A W E C U R B A L J A
E C A Y E N O O L C E G R O E G J N K T
L J U E L I B O M T A B U C M L L I K S
L U E O Z M T C E I H S O I L E J L T Y
E S C E S E S A W W T B R E I O W N W M
T T E C A E E A G B W D E I K H E C O B
N I B O R H W R A K E B H E L R A H F O
I C O M E E M A F I E M R E A N L R A L
R E Y I O H A A D R L O E P V I T I C T
E L O C G G D T C L E L P R R U H S E T
L E D B Y B A E E O E T U A O G A T C I
D A W O R C E R A C S H S S D N M I N T
D G N O T A E K L E A H C I M E S A W H
I U O K N N A M O W T A C A M P T N K D
R E T S U B K C O L B I D I R H C B T O
G M R Y T I C M A H T O G E E T B A W L
S M M O V I E S S C I M O C C D K L E L
C L C K T H G I N K K R A D M C B E T B
T T E R I T M R A A L F R E D U B B A G
```

batman

ADAM WEST
ALFRED
BAT SYMBOL
BATMOBILE
BLOCKBUSTER
BRUCE WAYNE
CATWOMAN
CHRISTIAN BALE
COMIC BOOK
DARK KNIGHT

DC COMICS
GEORGE CLOONEY
GOTHAM CITY
INTELLECT
JOKER
JUSTICE LEAGUE
MICHAEL KEATON
MISTER FREEZE
MOVIES
PARENTS

PENGUIN
RACHEL DAWES
RIDDLER
ROBIN
SCARECROW
SKILL
SUPERHERO
TWO FACE
VAL KILMER
WEALTH

```
B V I M I P H M A P S Y C H E D E L I C
A W K S T E B E L L B O T T O M S X V L
V L C N I L E P P E Z D E L O E T I I E
L A O F L S P A C E R A C E A I A R E D
R F U L R E W O P R E W O L F A B D T C
C E N O N A L Y D B O B R S R E L N N W
L O T G L R N P B A E O V I I L I E A S
I U E N N W V E I A B Y E T N T S H M F
T Y R A M O A E T N T C T I G B H I W L
O A C T N O I L T W D O T N E O M M A I
C E U S O D E T K T C T E E T B E I R G
L B L U X S D U U I I T K S C M N J D B
I X T M I T T D C L E D E A A A T C U V
E M U O N O E E I E O I N A T R E I D B
W L R H E C K I R S P V N P O L Y E R U
D O E W A K I S E P E L E Y L E S C U H
H C B E T X M N I O S A D R A Y O R G S
L L P H H S T H B Q A W Y O S R A R S O
H A N T I W A R F G L L O Y E F C L E M
A M A R I A H G N O L K C O R K L O F U
```

the '60s

ANTIWAR
BEATLES
BELL-BOTTOMS
BOB DYLAN
BOB MARLEY
BOYCOTT
CORVETTE
COUNTER-
    CULTURE
DRUGS

ESTABLISHMENT
FLOWER POWER
FOLK ROCK
FRINGE
HIPPIES
JIMI HENDRIX
KENNEDY
LASER
LED ZEPPELIN
LONG HAIR

MALCOLM X
MUSTANG
NIXON
PEACE
PSYCHEDELIC
REVOLUTION
SIT-IN
SPACE RACE
THE WHO
VIETNAM WAR
WOODSTOCK

```
D E Y N S N T S H A G D C C Y Y Y A N D
A O M E T U T E D D Y B E A R E M C N Y
N T B N P H N C Z C F Y C N N A T Y R E
B A L S E I U E E C V O Y D G E A A E H
R A A E W I H G V O H K V O O R U C H T
Y C B O M S A Y S U D Y R S Y R N F C D
D V N E R R R R R P C C E A B A E E S I
N T F G M A C A E L O R S E M A T S W A
A T K R N I P S W E E C F O L L A M E M
C H U E P S N R O S K W R E Y H L V E O
A U O E T K I E L L I E E A O T O A T N
N A P T N E N V F E S G H J R L C A H D
D M A I T C O I S E S O R N E Z O D E I
L T A N D A E N P H E T I D O R H P A W
E E T G A P M N E I S U V E O O C C R A
F K O C U O E A C C H A M P A G N E T H
J P H A E E R P L M B M P E E K R I R N
E I I R R T I E L E E K N R D O L O A G
L P D D S R E E S E N T I M E N T A L I
F L O O R Y A D E L S V T E U Q U O B M
```

valentine's day

ANNIVERSARY
APHRODITE
BE MINE
BOUQUET
CANDLE
CANDY
CHAMPAGNE
CHOCOLATE
COUPLES
CUPID

DIAMOND
DOZEN ROSES
FEBRUARY
FLOWERS
GREETING CARD
HALLMARK
HEARTS
HOT TAMALE
HUGS
JEWELRY

KISSES
LOVE
PINK
POETRY
ROMANCE
SENTIMENTAL
SWEETHEART
TEDDY BEAR
VENUS
WINE

```
O  T  R  U  H  E  R  A  B  E  N  P  A  E  C  U  A  R  N  I
Y  S  D  B  F  I  S  H  A  N  D  C  H  I  P  S  C  N  L  R
H  A  R  R  Y  P  O  T  T  E  R  G  E  R  T  G  I  E  S  S
C  F  U  H  G  R  U  B  N  I  D  E  E  N  G  L  A  N  D  R
R  L  G  E  D  N  H  T  E  H  A  I  S  O  O  C  S  N  D  E
A  E  B  S  H  A  K  E  S  P  E  A  R  E  L  D  R  E  O  D
N  B  Y  I  R  N  U  K  A  O  I  I  A  R  D  L  N  E  U  N
O  O  L  D  N  P  O  W  L  X  E  P  S  C  E  L  Y  O  B  A
M  T  C  U  E  O  I  N  P  F  N  P  G  H  E  D  I  L  L  L
O  L  O  P  S  H  E  B  S  O  P  B  E  A  T  L  E  S  E  E
P  I  W  D  N  U  O  R  G  R  E  D  N  U  B  H  L  L  D  R
N  K  A  R  P  U  B  S  S  D  R  N  K  C  N  E  E  A  E  I
R  L  L  N  E  T  S  U  A  E  N  A  J  E  E  D  E  C  C  N
C  L  E  S  N  E  K  C  I  D  S  E  L  R  A  H  C  R  K  R
A  I  S  G  A  O  N  R  O  E  N  L  T  G  O  S  T  P  E  E
E  N  R  E  H  C  T  A  H  T  T  E  R  A  G  R  A  M  R  H
Y  T  E  N  R  E  T  R  N  B  L  N  B  A  D  L  O  P  B  T
U  T  O  N  Y  B  L  A  I  R  A  A  T  G  A  K  G  L  U  R
E  G  O  R  D  O  N  B  R  O  W  N  N  C  I  S  E  N  S  O
R  C  E  L  T  S  A  C  O  I  R  E  E  D  O  B  B  K  A  N
```

united kingdom

BAGPIPE
BEATLES
BEER
BELFAST
BIG BEN
CASTLE
CHARLES DICKENS
CHAUCER
DOUBLE-DECKER
   BUS

EDINBURGH
ENGLAND
FISH AND CHIPS
GORDON BROWN
HARRY POTTER
JANE AUSTEN
KILT
LONDON
MARGARET
   THATCHER

MONARCHY
NORTHERN IRELAND
OXFORD
PALACE
POLO
PUBS
RUGBY
SCOTLAND
SHAKESPEARE
TONY BLAIR
UNDERGROUND
WALES

```
A U N I D R R O S E A N N E K C O P S R
R P S W L E C E H L E M E I N R R C I R
C O O R E L I A L O N E R Y F F U B E R
N R N R F K O K R L M N L N E L M I M A
A A A L N M A R E R I E B A L I G T O C
R A S A I N A A E L I M R Y D N T A N H
X T W E E T Y X A L L E Y S R B W R K E
M M H B S B B N W N A Y B E I Z N O F L
M R E C Y I E I N E I I K R N M O M L G
L L R M R A O N G K L N G A A R P G R R
O T M Y R K C M A B U L T I P D A S E E
I R A L E T L N Y B I B S O L O S B O E
C R N L J W S E E N G R E M O M W H D N
E E M A U R O I A R L A D A A L O S A T
M V U J I M H A L P E R T M V R M R K W
F Y N J A C K S H E P A R D J E T A E I
U G S O R T Y L U T O N Y S O P R A N O
E C T A H U X T A B L E K R U A L E I M
O A E A N E X T W I E L R J E A N N I E
L M R O D R A C I R Y C U L W R Y G T A
```

tv characters

ALLY MCBEAL
ARCHIE BUNKER
BARNEY MILLER
BEAVER
BIG BIRD
BUFFY
CARRIE
  BRADSHAW
FONZIE
HERMAN MUNSTER

HOMER SIMPSON
HUXTABLE
JACK SHEPARD
JEANNIE
JERRY SEINFELD
JIM HALPERT
KELLY KAPOWSKI
LORELAI GILMORE
LUCY RICARDO
MACGYVER

MAXWELL SMART
MONK
RACHEL GREEN
ROSEANNE
SCULLY
SPOCK
TONY SOPRANO
TOOL MAN
TWEETY
URKEL
XENA

```
T T S S E O I O T S U G G L W E T I O T
E C C P A D T K A C E A R A L U C R I C
A N U B N T I E I I E U B D O F C C R T
A R I M E I I C R L P G E I Y N R E I I
N U R A T O T C E K F E I N N E T T I M
A N C E T A T E O A N I E N G D L R U N
T N S S H K O H E I T N S I E U O F T O
H D L L T E U T A I T O E W O G L O F T
B S N W G I G O C O E E Y A M N S O L S
N E E G O N T A K D E O I S A I A C A A
S F C I S N S C C T T B Y O E H N Y T C
A A E N O T C R H Y O L T A H S A Y M T
E E R W A A A Y O O L N N E R I E K T F
T K O R S A R L T Y W A R O G N A L S A
A A T U L I F I T N E F C E L I E U U A
O R Y R A N E C B L A N K E T F A B D E
N L A H E S I B T T T I N K I T G G E D
C N O T T U B T H C T A W S W E A T E R
D M E I L D E T S R O W F N T B E P S T
```

knitting

ACRYLIC
ANGORA
BIND OFF
BLANKET
BOOTIES
BULKY
BUTTON
CAST ON
CIRCULAR
DYE LOT

FINISHING
FLAT
GAUGE
HAT
KNIT
LACE
MITTEN
MOHAIR
NEEDLE
PATTERN

PURL
SCARF
SEED
SKEIN
STITCH
SWATCH
SWEATER
WOOL
WORSTED
YARN

```
R R O A O N A L V S O E T E O N E T S E
E O C B O O L P M O P H V O P R S E S H
W B L A C K A N D W H I T E H A D E O C
B E L I M S I A O I P Y L O H S E S T O
C P D T V E R H H L S R T I S H P T E M
E A W D O A E E C C E P E H C O H A H P
S C B F I L M E E X R O T E R O W E N O
M S S X S N E L P O A S C T L T L E D S
L D C H I C G O F I C A R I P I G O O I
U N G T A N S E L A D A M S G A S I R T
B A X O A U S D O T I R A H T I O D L I
H L A H R S I A I T R O T I C G L U O O
L L E E I O O L T A U I V R N A S T H N
E A P O L A R O I D L E P T T O M S A G
E M N R U O I E B F Y B B O H A A E P S
E A I T E E L A T I G I D S D L I O R T
L E D H H H U P R T S H I T F B O F R A
S P O H S O T O H P U C R T N U O I G E
M O H T D K V S S T C H T A C M U L P C
E E S C E N L E V A R T S C I S D A T T
```

photography

ALBUM
ANGLE
ANSEL ADAMS
BLACK AND
   WHITE
CAMERA
CHEESE
COLOR
COMPOSITION
DIGITAL

EXPOSURE
FILM
FLASH
HOBBY
LANDSCAPE
LENS
LIGHT
NEGATIVE
PHOTOSHOP
POLAROID

PORTRAIT
POSE
PROFESSIONAL
SHOOT
SHUTTER
SMILE
SNAPSHOT
STUDIO
TRAVEL
TRIPOD
WEDDING

```
I N E W O L R A M R E H P O T S I R H C
O E R L L N I A T R U C E H T T E E A R
M A A N N E H A T H A W A Y P O W T W R
G A O R O M E O A N D J U L I E T A S E
U R A I A S T T T O Y D E G A R T E L V
H R A E L G N I K J H R R G T E P H E E
W R O R E N H J S T E L M A H W L T T R
O A O N R I C H A R D B U R B A G E T E
B S T T H K F H D A R K L A D Y F B S D
A E W N C C O M E D Y N A S O T B O E E
N A E T M A C B E T H G I R W Y A L P V
H C L S T U D I E D A U T E R K E G M G
H S F Q U E E N E L I Z A B E T H E E L
M U T M M A N T O H T R O Q D L S L T L
C I H Y R O T S I H A A O L S H E R O T
U L N T S G V U G C R P I S L E E N T G
B U I K T H H I P E H C S T R E D T V T
I J G E T N L E E R H S A E N O H E J N
A T H D O A D A P T A T I O N I G T B N
I T T S T R A T F O R D U P O N A V O N
```

shakespeare

ACTOR
ADAPTATION
ANNE HATHAWAY
BARD
CHRISTOPHER
  MARLOWE
COMEDY
DARK LADY
GLOBE THEATER
HAMLET

HISTORY
JULIUS CAESAR
KING LEAR
KING'S MEN
LONDON
MACBETH
MOVIE
OTHELLO
PLAYWRIGHT
POET
QUEEN ELIZABETH

REVERED
RICHARD BURBAGE
ROMEO AND JULIET
SONNET
STRATFORD-UPON-
  AVON
STUDIED
TEMPEST
THE CURTAIN
TRAGEDY
TWELFTH NIGHT

```
N O I R E L O A R C O L A Y G E E D T K
J D H E L O L O M N T I E T S A D E O I
L L O Y D D O B L E R A N T H T A K K M
A A L K T A S L R D L I V E R D L S A H
E J L C R D N O B R R I H I E W W U W A
E U Y O R R A K E U E N E E K O A V F O
Y N G R H G H K E D J N L G B L T A K E
R O O O E R O G Y R A O T E F V T R A S
H A L B O J T B H E C E L O R E I O K E
V F I D M R E U B L K E N R E R C T N N
L O G D O A C D E Y S A O G D I U A O O
O R H A A R R D C T P O R E D N S N W J
L R T R D L O Y D C A M M B Y E F I Y A
R E L T U B T T E H R U A A K E I M L N
I S Y H E L F H H F R L R I R H N R L A
H T K V D A A E R Y O L A L U G C E I I
O G D A B E H E T O W O E E E B H T W D
I U S D A R S L J H O G F Y G H K E O N
Y M R E E Y U F U K N S O N E B G N G I
A P A R N Y A C E V E N T U R A L N O E
```

movie characters

ACE VENTURA
AMELIE
ATTICUS FINCH
BOND
BUDDY THE ELF
DARTH VADER
DOROTHY
DR. EVIL
FORREST GUMP
FREDDY KRUEGER

GEORGE BAILEY
GOLLUM
HAN SOLO
HOLLY GOLIGHTLY
INDIANA JONES
JACK SPARROW
JOKER
JUNO
LEBOWSKI
LLOYD DOBLER

NORMA RAE
RAMBO
RHETT BUTLER
ROCKY
SHAFT
SHREK
TERMINATOR
TYLER DURDEN
WILLY WONKA
WOLVERINE

```
A O O R W S Y C O R N R O W S F O D R E
S T T S E E B Z O D B O L K V R C R S D
O I T R A V E U E I U O C O Z L D D F B
H R E E A I H T D Y I O X E L I O V H A
O Z C V T H G R F V L Y L L O C D P H L
S R W A R E O A F D T U R Z E R P N N D
A T A E O E C S A E N U N Y L R U C A F
B T F W H B T E L I A T K C U D R R A R
S A H D S R R A O D F L W I S O W H L E
C N A L K D M C F I F W C G S C I G A N
M P R A K L E R L M U S N B T N T N S C
N I R U I W E X A A O A Z Z U B H O B H
L G A D B N A W T O B B H P D A G L Y T
H T F D K E R H T E N O U I E I I A E W
P A A E T U D V O O N B W S L A A R I I
T I R R T T R I P M R S I L T I R R P S
A L T U F A F A S B O I I Y C A T N B T
T S N T M U L L E T T F N O A U S O W W
T W N T N R E V O B M O C O N O T R E U
B L E H C A R E H T P C T G W S F O K R
```

hairdos

AFRO
BALD
BANGS
BEEHIVE
BOB
BOUFFANT
BOWL CUT
BRAID
BUZZ
CAESAR

COMB-OVER
CORNROWS
CURLY
DREADLOCKS
DUCKTAIL
EXTENSIONS
FARRAH FAWCETT
FLATTOP
FRENCH TWIST
LONG

MOHAWK
MULLET
PIGTAILS
PONYTAIL
SHORT
SIDEBURNS
STRAIGHT
THE RACHEL
UPDO
WEAVE

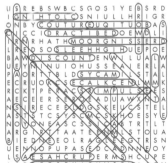

1. vacation

2. cooking

3. broadway

4. shopping

SOLUTION KEY

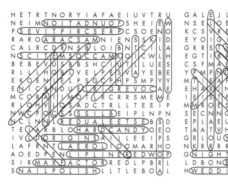

5. makeup

6. las vegas

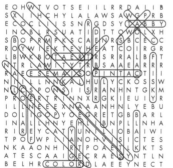

7. cats

8. inventions

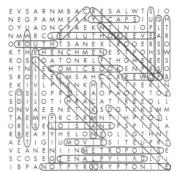

9. at the lake

10. superman

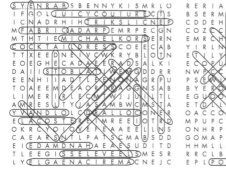

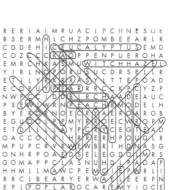

11. clothing

12. trees

SOLUTION KEY

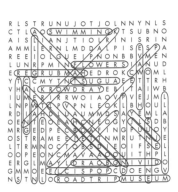

13. madonna

14. summer

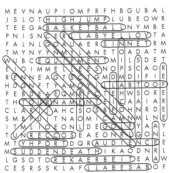

15. tv shows

16. sports

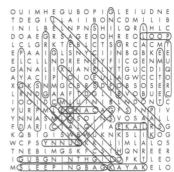

17. bride

18. outdoors

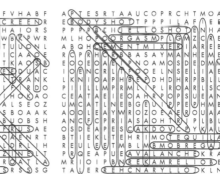

19. beach

20. shots

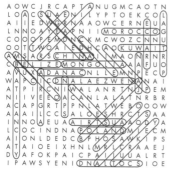

21. jewelry

22. fall

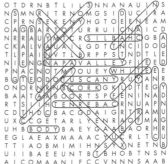

23. countries

24. wine

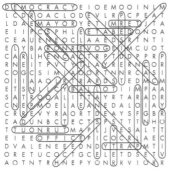

25. election

26. games

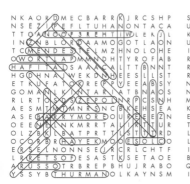

27. actresses

28. world landmarks

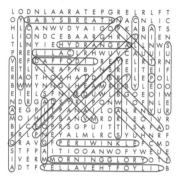

29. flowers

30. dinner party

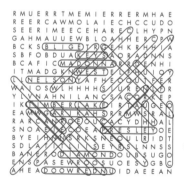

31. singers

32. animals

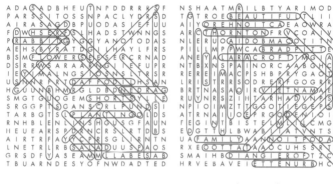

33. spring

34. angelina jolie

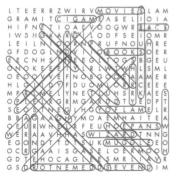

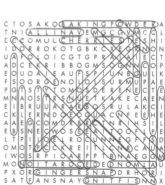

35. harry potter

36. baking

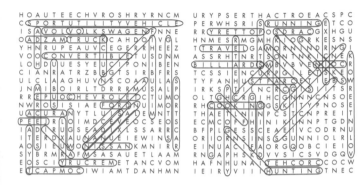

37. cars

38. hobbies

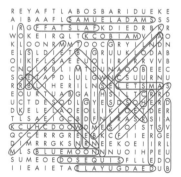

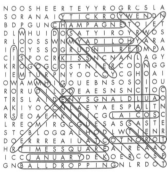

39. beer

40. new year's eve

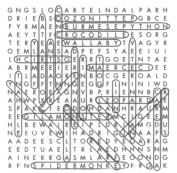

41. at the zoo

42. jamaica

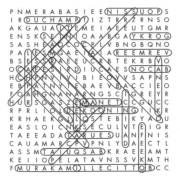

43. artists

44. breakfast

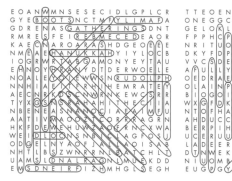

45. indiana jones

46. anniversaries

47. winter

48. cartoon characters

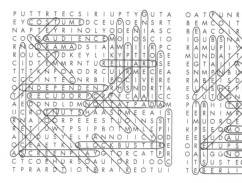

49. movies

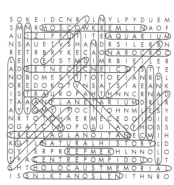

50. europe

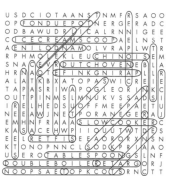

51. kitchen gear

52. museums

113

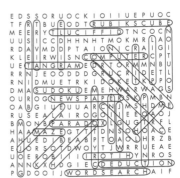

53. songs

54. asia

55. authors

56. puzzles

57. actors

58. exercising

59. canada

60. magazines

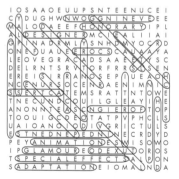

61. halloween

62. family

63. academy awards

64. australia

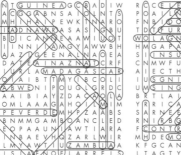

65. tom cruise

66. colleges

67. africa

68. first home

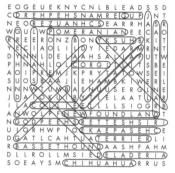

69. dogs

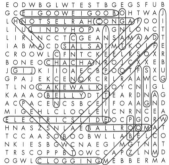

70. dances

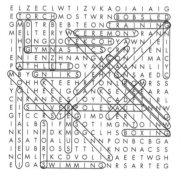

71. olympics

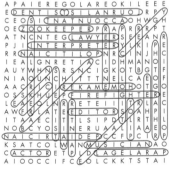

72. careers

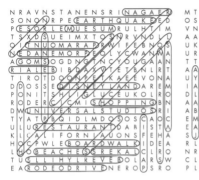

73. los angeles

74. new orleans

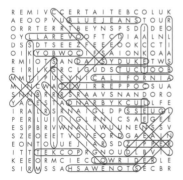

75. denim

76. ocean

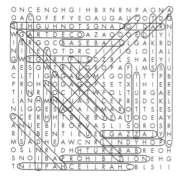

77. babies

78. classic movies

79. roaring '20s

80. gardening

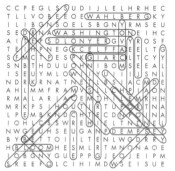

81. sexy men

82. candy

83. alaska

84. female names

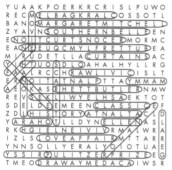

85. gone with the wind

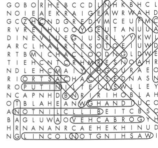

86. politicians

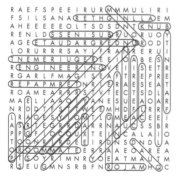

87. going to college

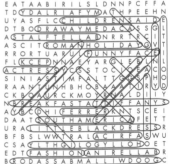

88. audrey hepburn

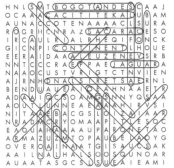

89. south america

90. playing cards

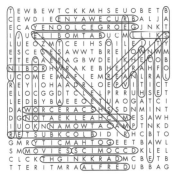

91. batman

92. the '60s

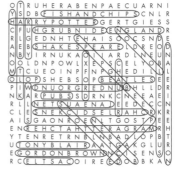

93. valentine's day

94. united kingdom

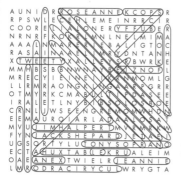

95. tv characters

96. knitting

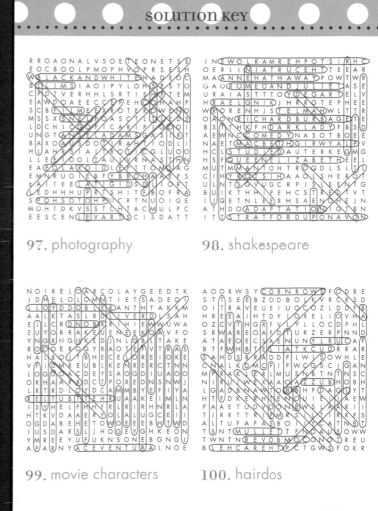

97. photography

98. shakespeare

99. movie characters

100. hairdos